軽い煮込みのイタリアン

イゾラーラ・イタリア料理教室

大島節子

はじめに

イタリア全20州は州ごとに独自の郷土料理があります。そのことに興味を持ち、ほぼ毎年イタリア研修旅行に行くようになって、主宰する料理教室の生徒さんや周りの方々に支えられながら、食をテーマにすべての州を回ることができました。そんな研修旅行での経験を通して感じたのは、マンマやシェフたちの郷土への深い愛や、それを学ぼうとする者へのおおらかなやさしさです。忙しい中でも、食を楽しむ余裕が暮らしに根付いていて、食べることを心底大切にしている食文化があるのです。

この本は、イタリア家庭料理の中から煮込み料理を選んでいます。毎日あれこれ作るのは大変ですが、主菜になる煮込み料理がひとつあれば十分満足できるので、作る人もラクになり、食卓も明るくなって会話も弾むと思うからです。教室で人気があった煮込み料理以外にも、新たに「軽い煮込み」に加えたレシピもあります。ワインやオリーブオイルを効果的に使ったり、かたまり肉ではなく、カット済みの肉を使ったり。肉や魚や野菜を先に炒めることでコクや旨みを引き出し、煮汁もおいしい料理に仕上げることなども再確認しながら工夫を重ねました。

そしてすべてのレシピは、長くても20分の煮込み時間でおいしく作れる「軽い煮込みのイタリアン」になっています。日々、さまざまに忙しい生活を頑張っている人を少しでも応援できる一冊になり、皆さんの役に立つレシピが見つかりますようにと願っています。

イゾラーラ・イタリア料理教室
大島節子

2023年秋のイタリア研修旅行。ヴァッレ・ダオスタ州アオスタのエルビラマンマの宿泊施設厨房にて。鹿肉のワイン煮、猪とブルーベリーの煮もの、ポレンタなどの郷土料理を習う。

左の写真の番外編で今回は同州のドゥエ村に伝わる、共同窯で村人たちが協力して焼く「パン焼きデー」に参加。パンの発酵から窯出しまでの工程を徹夜で体験。

料理学校を運営しているロベルタ先生の教室で、日本の家庭料理のスペシャルレッスンを開催。講師としてすき焼きの作り方などを紹介した。これはだし巻き卵を作っているところ。

軽い煮込みのイタリアン
———目次

Part 2
リゾット＆スープ —50

Part 3
アレンジできる軽い煮込み —66

【本書の決まりごと】

- 小さじ1は5mℓ、大さじ1は15mℓ、1カップは200mℓ、米1合は180mℓです。
- にんにく1片とは、親指の先くらいの大きさが目安です。オリーブオイルはエクストラバージンオリーブオイルを使用しています。ケッパーは塩漬けを使用していますが、酢漬けのもので代用できます。p.28〜29の細びきパン粉がなければ、一般のパン粉をポリ袋に入れ、上からめん棒でたたいて細かくしてください。
- フライパンは深さ8cmくらいの深型のものを使用しています。
- オーブンはレシピの設定温度に予熱してから使用してください。加熱時間はガスオーブンを使用した場合の目安です。コンロや電子レンジ(600W)の火加減や加熱時間も目安です。いずれもお使いの機種によって差がありますので、様子を見て適宜調節してください。
- レシピに活用できるブロード(洋風だし)、ソース、ソフリットの作り方はp.7で紹介しています。

軽いチキンブロード
ソフリット
トマトソース

煮込み料理に活用できる基本のいろいろ

イタリアの煮込み料理によく使うブロード、トマトソース、ソフリットの作り方を紹介します。

軽いチキンブロード

材料と作り方_約2ℓ分

やさしい味のブロード(洋風だし)です。時間がないときは市販のスープの素を使っても。その場合は商品の表示の倍量の湯で薄めに作ってください。

※熱湯消毒した保存容器に入れて冷蔵庫で約3日間保存可。

1
玉ねぎ1/2個はくし形切りに、にんじん1本は厚めの輪切りに、セロリ1/3本は2cm幅の斜め切りにする。

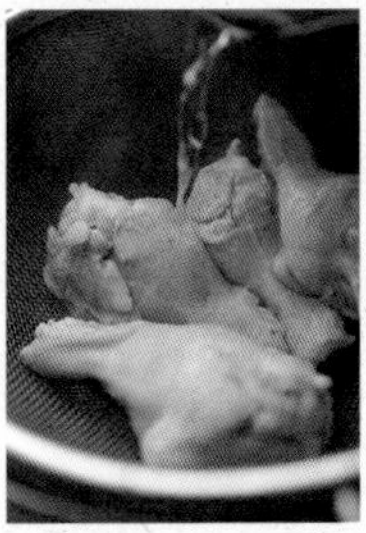

2
鶏手羽元4本はざるに入れ、熱湯を回しかける。

3
鍋に水2ℓ、**1**、**2**を入れて火にかけ、沸騰したらアクをとる。

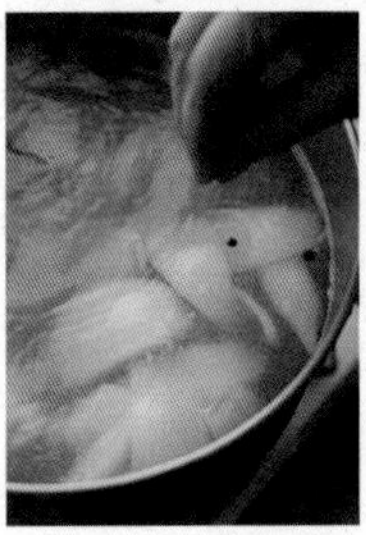

4
塩小さじ1、黒こしょう(粒)5粒を加え、ふたをして(数cmずらす)弱火で約20分煮たらこす。具材はカレーにも使える。

トマトソース

材料と作り方_約300g分

市販の裏ごしトマトを使って作るトマトソースです。トマト缶より手軽に、なめらかなソースに仕上がります。

※熱湯消毒した保存容器に入れて冷蔵庫で約3日間保存可。

1
鍋にオリーブオイル大さじ1とにんにく(みじん切り)1/2片分を入れて弱火にかける。

2
香りが立ったら裏ごしトマト(※)300gを加えて混ぜる。

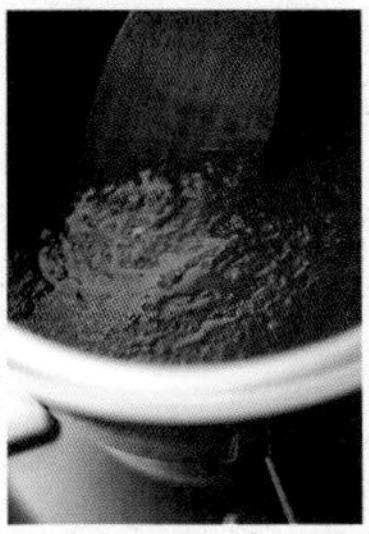

3
水約1/2カップ、塩小さじ1/2、ドライスイートバジリコ小さじ1/4を加え、とろみが出るまで混ぜながら3〜4分煮る。

※裏ごしトマト(粗ごしトマトやパッサータとも言う)は、完熟トマトを裏ごしして濃縮したもの。製品の濃縮度によって、作り方**3**の水の量を調整する。

ソフリット

材料と作り方_約400g分

香味野菜をじっくりと炒め煮にしたソフリットは、イタリア料理がグンとおいしくなるアイテムで、煮込み料理にコクを加えてくれます。

※熱湯消毒した保存容器に入れて冷蔵庫で約1週間保存可。

1
玉ねぎ大1個(300g)、にんじん1本(150g)、セロリ1本(100g)、にんにく1片は粗みじん切りにする。

2
フライパンにオリーブオイル大さじ6、にんにく、玉ねぎ、塩小さじ1を入れて中火にかけ、油がまわるまで2〜3分炒める。

3
にんじんとセロリを加え、しんなりするまで5〜6分炒めて、野菜の甘みを引き出す。

4
ふたをして弱火で12〜13分、蒸し煮にする。焦げないようにときどき混ぜる。

Part 1

Pollo alla cacciatora con pomodorini

鶏もも肉のミニトマト煮（→ p.10）

肉・魚介・野菜の軽い煮込み

Stufati a base di carne, pesce e verdure

イタリアの肉はかたまりで売られていることが多く、お店で希望の大きさに切ってもらいます。店員さんと活気のあるやりとりをしたあとにマンマと作る料理は本当においしくて…。ここではそんな家庭料理を基に、使いやすい薄切り肉などで手軽に作れる煮込み料理を紹介しています。魚介の旨みを利用した軽い煮込みや、味出しに肉や魚介を加えた野菜や豆の煮込みも、一品でしっかりとご飯のおかずになるものばかりです。煮込み料理は温め直すだけでおいしく食べられるので、生活時間に差がある家族のごはん作りにも重宝します。

Salmone con funghi alla crema di pomodoro

鮭ときのこのトマトクリーム煮(→ p.30)

肉の煮込みの基本

肉は最初に香ばしく焼いて、旨みを閉じ込めるのがポイントです。
一度取り出して、同じ鍋やフライパンで煮汁を作ることで、肉の旨みが煮汁に
加わってコクのある煮込み料理になります。

鶏もも肉のミニトマト煮

Pollo alla cacciatora con pomodorini

**「カチャトーラ(猟師風)」と呼ばれる料理で、フレッシュトマトを使うのはナポリのマンマの直伝です。
地方や季節によってパプリカやきのこを入れたり、家庭の数だけレシピがある肉の煮込みの定番です。**

材料＿2〜3人分

鶏もも肉　2枚(500g)
ミニトマト(3cmくらいのもの)　250g
玉ねぎ　1個
にんにく(みじん切り)　2片分
ドライオレガノ　小さじ1/2
白ワイン　1/2カップ
裏ごしトマト(市販品／→ p.7)　100g
バジリコの葉　3〜4枚
塩・黒こしょう　各適量
オリーブオイル　適量

1 材料を切る

鶏肉は1枚を6等分に切り、両面に塩小さじ1をふってしばらくおき、キッチンペーパーで水けをとる。ミニトマトは2〜3等分に切る。玉ねぎはみじん切りにする。

2 鶏肉を焼く

鍋(またはフライパン)にオリーブオイル小さじ2を入れて中火にかけ、鶏肉の皮目を下にして入れ、上面に黒こしょう少々をふって焼く。

3 鶏肉を取り出す

焼き色がついたら裏返し、1〜2分焼いていったん取り出す。鍋の余分な油脂をキッチンペーパーでとる。

4 ミニトマトを加える

3の鍋にオリーブオイル大さじ1、にんにく、玉ねぎ、塩小さじ1/4を入れて中弱火で炒め、ミニトマトとオレガノを加える。

5 裏ごしトマトを加える

1〜2分炒めたら鶏肉を戻し入れ、白ワインを加えて沸騰させる。裏ごしトマトと水1/4カップを加えて混ぜ合わせる。

6 仕上げる

ふたをして中弱火で3〜4分煮る。途中混ぜながら塩・黒こしょう各少々で味を調え、ちぎったバジリコを加える。器に盛り、バジリコ少々(分量外)をのせる。

鶏むね肉のクリーム煮

Stufato di pollo alla crema

鶏むね肉は火を入れすぎるとパサつくので、さっと焼いたら取り出し、やわらかさを保ちます。
少量でも生クリームを加えると、コクが加わりなめらかなクリーム煮に仕上がります。

材料＿2～3人分

鶏むね肉　1枚(250g)
玉ねぎ　1/2個
にんじん　1/4本
いんげん　2～3本
牛乳　1と1/4カップ
小麦粉　大さじ1
ナツメグパウダー　少々
生クリーム　1/4カップ
イタリアンパセリ(みじん切り)　大さじ1
塩　適量
オリーブオイル　適量

1 鶏肉はひと口大(約12等分)のそぎ切りにし、両面に塩小さじ1/2をふってしばらくおき、キッチンペーパーで水けをとる。玉ねぎは5㎜幅に切る。にんじんは5㎜厚さのいちょう切りにする。いんげんは3㎝幅の斜め切りにし、やわらかくなるまで塩ゆでし、水にとってざるに上げる。

2 ボウルに牛乳と小麦粉を入れ、泡立て器でかき混ぜる(**a**)。

3 フライパンにオリーブオイル小さじ2を入れて中火にかけ、鶏肉を入れて両面をさっと焼き(**b**)、いったん取り出す。

4 **3**のフライパンにオリーブオイル大さじ1、玉ねぎ、にんじん、いんげんを入れて、全体に油がまわるまで炒める。

5 鶏肉を戻し入れ、**2**を流し入れる。ナツメグパウダーを加えて混ぜ(**c**)、ふたをして弱火で5～6分煮て、生クリームとイタリアンパセリを加えて混ぜ合わせる。器に盛り、好みのパン(分量外)を添える。

Ingredienti

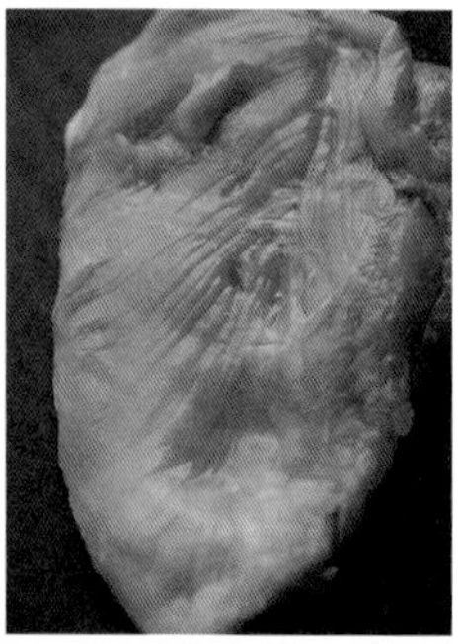

鶏むね肉
鶏の胸にあたる部分の肉。やわらかい肉質で、脂肪分が少なく、あっさりとした味わい。

Punto

ルーは、小麦粉が溶ける程度にかき混ぜてから加えるとダマになりにくい。

鶏むね肉は焼きすぎるとかたくなるので、さっと焼いて肉の色が変わったら、一度取り出しておく。

ルーを加え、味のアクセントになるナツメグパウダーを加えたら、全体をさっと混ぜてなじませる。

鶏もも肉とモッツァレラの重ね煮

Stufato di pollo ricoperto con mozzarella

南部のカンパーニア州(州都はナポリ)の家庭料理です。
鶏肉を焼いて旨みを出し、モッツァレラを重ねたら軽く煮込みます。
火を通したズッキーニとトマトの甘みも一緒に楽しんでください。

Ingredienti

鶏もも肉
鶏の脚からももの
つけ根部分の肉。
ほどよい弾力があ
り、脂肪分も含ん
でいてコクのある
味わい。

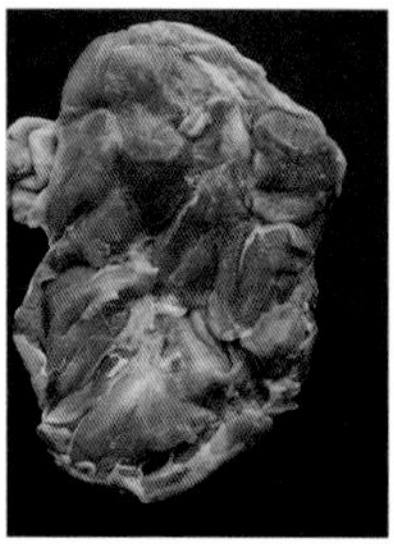

材料＿2人分

鶏もも肉　1枚(300g)
モッツァレラチーズ　1/2個
ズッキーニ　約3cm
ミディトマト　1個
軽いチキンブロード(→ p.7)　1/2カップ
塩　適量
黒こしょう　少々
オリーブオイル　小さじ1
バジリコの葉　4枚

1 鶏肉は4等分に切り、両面に塩小さじ2/3をふってしばらくおき、キッチンペーパーで水けをとる。モッツァレラはキッチンペーパーで水けをとり、4等分の輪切りにし、塩小さじ1/4と黒こしょうをふる。ズッキーニとミディトマトは4等分の輪切りにする。

2 フライパンにオリーブオイルを入れて中火にかけ、鶏肉の皮目を下にして入れ、焼き色がついたら裏返して片側に寄せる。空いたところにズッキーニとミディトマトを入れ、ズッキーニに焼き色をつける。

3 鶏肉の皮目の上にモッツァレラを重ね、フライパンのふちからブロードを回し入れる。沸騰したら弱火にし、ふたをしてモッツァレラが溶けてくるまで3～4分煮る。

4 器に鶏肉とモッツァレラを盛り、ズッキーニ、ミディトマトの順に重ね、バジリコをのせる。

鶏もも肉とぶどうの煮込み

Stufato di pollo con uva

鶏肉を白ワインで煮る料理はイタリアンの定番です。
フレッシュなぶどうを加えることでコクのある鶏肉料理がすっきりとした味わいになります。
種なしぶどうを使うのがおすすめです。

材料＿2～3人分

鶏もも肉　2枚(500g)
塩　小さじ1
ぶどう(種なし)　15粒(200g)
にんにく(薄切り)　1片分
赤唐辛子(種をとる)　1/2本
白ワイン　1/2カップ
バルサミコ酢　大さじ1と1/2
オリーブオイル　小さじ2
黒こしょう　少々

1 鶏肉は1枚を6等分に切り、両面に塩をふってしばらくおき、キッチンペーパーで水けをとる。

2 フライパンにオリーブオイル、にんにく、赤唐辛子を入れて中弱火にかけ、香りが立ったらにんにくと赤唐辛子を取り出す。鶏肉の皮目を下にして入れて中火にし、焼き色がついたら裏返し、1～2分焼く。

3 白ワインを加えて沸騰させ、水1/4カップ、ぶどう、バルサミコ酢を加えて混ぜ合わせ、ふたをして弱火で約10分煮る(途中で煮詰まったら水適量を足す)。器に盛り、黒こしょうをふる。

鶏レバーと玉ねぎの煮込み

Stufato di fegatini di pollo con cipolla

ヴェネツィアの料理学校で習った郷土料理です。玉ねぎをオリーブオイルで炒めて甘みを出し、レバーを焼いてから煮ることで特有の臭みも消え、食べやすくてコクのある味わいになります。

材料＿2〜3人分

鶏レバー　150g
玉ねぎ　1/2個
にんにく（薄切り）　1片分
白ワイン　1/4カップ
塩・黒こしょう　各適量
オリーブオイル　適量
イタリアンパセリ（みじん切り）　小さじ1
レモンの皮（すりおろし）　1/2個分

1 鶏レバーは塩小さじ1をすり込んでから流水でよく洗う(**a**)。ひと口大に切りながら血合いがあれば除き、さっと洗ってキッチンペーパーで水けをとる。玉ねぎは5㎜幅に切る。

2 フライパンにオリーブオイル大さじ1、にんにく、玉ねぎ、塩小さじ1/3、黒こしょう少々を入れて中火にかけ、しんなりするまで炒めて片側に寄せる。空いたところにオリーブオイル小さじ1と鶏レバーを入れ、軽く色づくまで焼く(**b**)。

3 白ワインを加えて沸騰させ(**c**)、ふたをして弱火で3〜4分煮る。塩・黒こしょう各少々で味を調え、ふたをとって少し煮詰める。

4 器に盛り、オリーブオイル小さじ1をふり、イタリアンパセリとレモンの皮を散らす。

Ingredienti

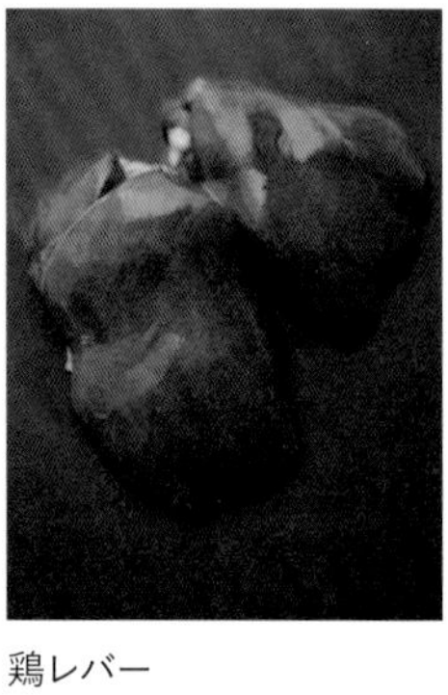

鶏レバー
鶏の肝臓。クセがなく食べやすい。ハツ（心臓）がついているものは一緒に煮込んでも。

Punto

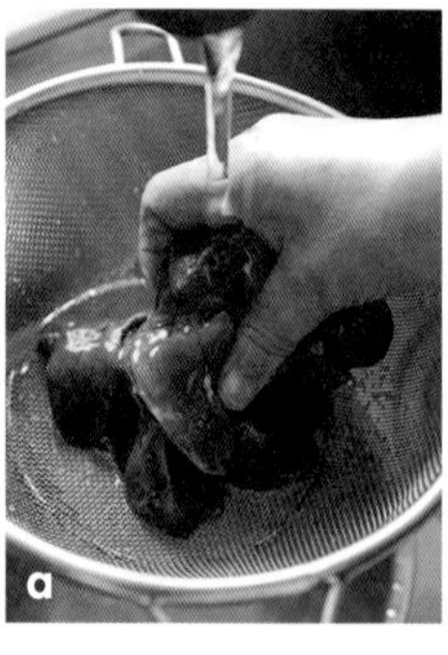

レバー特有の臭みをとるため、ざるに入れて塩をすり込み、流水でよく洗う。

玉ねぎがしんなりしたら片側に寄せて鶏レバーを加え、水分がとんで軽く色づく程度にさっと焼く。

臭みなくすっきりと仕上げるために白ワインを加えたら、沸騰させてアルコール分をとばす。

鶏手羽元のピリ辛煮

Stufato di pollo piccante

**唐辛子の名産地、南部のカラーブリア州で出会った料理です。
子どもや高齢者がいる家庭では辛さを抑えて食べやすくし、
唐辛子オイルをテーブルに常備して、好みで辛みを加えるそうです。**

Ingredienti

鶏手羽元
鶏の羽の根元部分の肉。骨からだしが出るので煮込み向きで、手羽先より食べごたえがある。

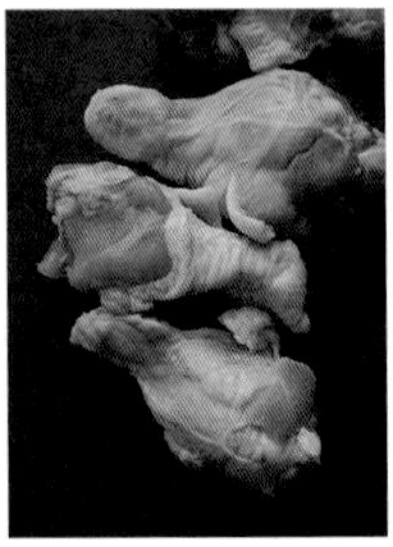

材料＿2～3人分

鶏手羽元　8本
玉ねぎ　1/3個
にんにく(薄切り)　1片分
赤唐辛子(種をとる)　1/2本
チリパウダー　小さじ1/8～1/6
パプリカパウダー　小さじ1/4
白ワイン　1/2カップ
ホールトマト缶(ほぐす)　1/2缶(200g)
ドライオレガノ　小さじ1/4
塩　適量
オリーブオイル　適量

1 鶏肉は皮目に縦1本の切り目を入れ、全面に塩小さじ1をふってしばらくおき、キッチンペーパーで水けをとる。玉ねぎは5㎜幅に切る。

2 フライパンにオリーブオイル小さじ2を入れて中弱火にかけ、鶏肉の皮目を下にして入れ、4～5分焼く。焼き色がついたら裏返し、1～2分焼いて片側に寄せる。フライパンの余分な油脂をキッチンペーパーでとる。

3 空いたところにオリーブオイル大さじ1、にんにく、赤唐辛子を入れて中弱火にかけ、香りが立ったら玉ねぎ、塩小さじ1/4、チリパウダー、パプリカパウダーを加えて1～2分炒める。

4 白ワインを加えて沸騰させ、トマト缶、水1/4カップ、オレガノを加え、ふたをせずに中火で4～5分煮る。鶏肉の上下を返し、ふたをして弱火で約15分煮る。

鶏むね肉のワインビネガー煮

Stufato di pollo all'aceto di vino

鶏むね肉をさっと炒めて白ワインビネガーで軽く煮る、とても作りやすい料理です。
白ワインビネガーとケッパーは、煮ることで酸味がやわらぎ、旨みがアップします。
ローズマリーで風味をつけますが、香りが強いので入れすぎに注意してくださいね。

材料＿2～3人分

鶏むね肉　1枚(300g)
塩　小さじ1/2
黒こしょう　少々
小麦粉　大さじ2
にんにく(薄切り)　1片分
白ワイン　1/4カップ
白ワインビネガー　80mℓ
ローズマリー(生)　1枝
ケッパー(水でさっと洗う)　小さじ1/2
オリーブオイル　大さじ2
レモン(くし形切り)　2～3切れ

1 鶏肉は6等分のそぎ切りにする。両面に塩、黒こしょうをふってしばらくおき、キッチンペーパーで水けをとり、小麦粉をまぶす。

2 フライパンにオリーブオイルとにんにくを入れて中弱火にかけ、香りが立ったら鶏肉を入れ、両面に薄く焼き色がつくまで焼く。

3 白ワインと白ワインビネガーを加えて沸騰させ、ローズマリーとケッパーを加え、ふたをして弱火で3～4分煮る。器に盛り、レモンを添える。

牛肉とじゃがいもの煮込み

Stufato di manzo con patate

北イタリアのトレンティーノ・アルト・アーディジェ州の代表的郷土料理で、「グロステル」と呼ばれます。
ボルツァーノという町のトラットリアでは、目玉焼きがのっていました。

材料＿2～3人分

牛バラ肉(焼き肉用)　200g
じゃがいも　2個(200g)
にんにく(薄切り)　1片分
玉ねぎ(粗みじん切り)　1/4個分
軽いチキンブロード(→p.7)　約1カップ
パプリカパウダー　小さじ1/2
キャラウェイシード　小さじ1/4
塩・黒こしょう　各適量
オリーブオイル　適量
卵　2～3個
イタリアンパセリ(みじん切り)　適量

1 牛肉はひと口大に切り、両面に塩小さじ1/3と黒こしょう少々をふる。じゃがいもは1.5cm角に切る。

2 フライパンにオリーブオイル小さじ1を入れて中火にかけ、牛肉を入れて両面をさっと焼き(**a**)、いったん取り出してラップをかけておく。

3 **2**のフライパンにオリーブオイル大さじ1とにんにくを入れて中弱火にかけ、香りが立ったら玉ねぎを加えてさっと炒める。

4 じゃがいもを加え、ブロードを注ぐ(**b**)。パプリカパウダーとキャラウェイシードを加え、ふたをしてじゃがいもがやわらかくなるまで弱火で約15分煮る。

5 別のフライパンにオリーブオイル適量を熱し、卵を割り入れて半熟の目玉焼きを作る。

6 **4**に**2**の牛肉を戻し入れて混ぜ(**c**)、ふたをして約3分煮て、塩・黒こしょう各少々で味を調える。器に盛り、目玉焼きをのせ、イタリアンパセリを散らす。

Ingredienti

牛バラ肉(焼き肉用)
牛のあばら骨あたりの肉で、焼き肉用のカルビ肉として売られているものもある。

Punto

牛肉はかたくならないよう、表面の色が変わる程度にさっと焼いて取り出し、ラップをかけておく。

じゃがいもはブロードで煮ることでしっかりと味がつき、おいしく仕上がる。

牛肉を戻し入れたら、味をなじませるようにさっと混ぜ合わせる。

牛肉ロールのトマトソース煮

Involtini di manzo in salsa di pomodoro

現地では「ブラチョーレ」と呼ばれている料理です。肉で詰め物を巻く料理はイタリア全土で作られていますが、これは南部のプーリア州のマンマに習って以来、教室でも我が家でも定番です。

Ingredienti

牛もも薄切り肉
牛の後ろ足のすねより上の部分の肉で、脂肪が少ない赤身肉。外もも、内ももなどに分かれる。

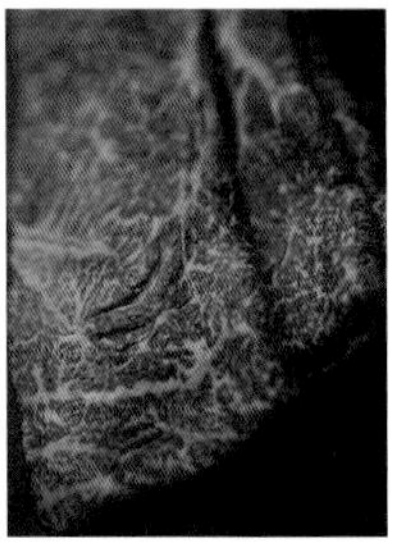

材料＿2～3人分

牛もも薄切り肉(約8×10cm)　6枚(300g)
＜詰め物＞
- パン粉　大さじ3
- 松の実(ロースト)　小さじ2
- イタリアンパセリ(みじん切り)　大さじ1
- 塩　小さじ1/3
- オリーブオイル　大さじ1

玉ねぎ　1/8個
にんにく(薄切り)　1片分
白ワイン(または赤ワイン)　1/4カップ
トマトソース(→ p.7)　100g
塩・黒こしょう　各適量
オリーブオイル　小さじ2
イタリアンパセリ　少々

1 ボウルに詰め物の材料を入れて混ぜ合わせ、6等分する。玉ねぎは薄切りにする。

2 牛肉は1枚ずつ広げ、塩・黒こしょう各少々をふって裏返し、手前に詰め物をおいて両端を内側に折り、向こう側にふんわりと巻き、ようじでとめる。

3 フライパンにオリーブオイルとにんにくを入れて中弱火にかけ、香りが立ったら**2**を入れて中火にし、全面に焼き色がついたら片側に寄せる。

4 空いたところに玉ねぎを加え、さっと炒める。白ワインを加えて沸騰させ、トマトソースを加えて全体を混ぜ合わせ、ふたをして弱火で4～5分煮る(途中で煮詰まったら水適量を足す)。塩・黒こしょう各少々で味を調える。器に盛り、イタリアンパセリをのせる。食べるときにようじをはずす。

牛肉のポルチーニクリーム煮

Stufato di manzo in crema di funghi porcini secchi

**乾燥ポルチーニは水につけてもどし、旨みのあるもどし汁も使います。
独特な風味があり、シンプルな材料でも奥深い味わいになるので、
買っておくと重宝します。牛肉や生クリームとの相性もいいですよ。**

材料＿2〜3人分

牛もも薄切り肉(約8×10㎝)　6枚(300g)
乾燥ポルチーニ　10g
エリンギ　200g
白ワイン　大さじ2
生クリーム　1/2カップ
塩　適量
黒こしょう　少々
オリーブオイル　適量
くるみ(ロースト)　10g

1 ポルチーニはさっと洗い、水1カップに10分以上つけてもどし、粗みじん切りにする。もどし汁80㎖をとっておく。エリンギは食べやすい大きさに切る。

2 牛肉は1枚ずつ広げ、両面に塩小さじ1/2と黒こしょうをふり、仕上がりが5〜6㎝幅になるように両端を内側に折り、手前から向こう側にふんわりと巻き、ようじでとめる。

3 フライパンにオリーブオイル小さじ2を入れて中火にかけ、**2**を入れ、全面に焼き色がついたら、いったん取り出す。

4 **3**のフライパンにオリーブオイル小さじ1とエリンギを入れ、焼き色がついたら裏返し、ポルチーニと塩小さじ1/4を加えて1〜2分炒める。

5 白ワインを加えて沸騰させ、**1**のもどし汁を加え、少し煮詰める。生クリームを加えて牛肉を戻し入れ、ふたをして弱火で2〜3分煮る。器に盛り、粗く砕いたくるみを散らす。好みでパン(分量外)を添える。食べるときにようじをはずす。

豚フィレ肉とりんごの煮込み

Stufato di maiale con mele

豚肉をソテーして旨みを閉じ込め、甘酸っぱいりんごと煮込む味わい深い料理です。
りんごは皮つきで使うと風味よく仕上がり、煮くずれもしにくいですが、好みで皮をむいても。

材料＿2～3人分

豚フィレ肉　200g
小麦粉　大さじ2
りんご　1個(250g)
玉ねぎ(みじん切り)　1/3個分
キャラウェイシード　小さじ1/4
バター　10g
白ワイン　1/4カップ
塩　適量
オリーブオイル　適量

1 豚肉は1.5㎝幅に切り、めん棒で軽くたたいて形を整える(**a**)。両面に塩小さじ1/3をふり、小麦粉をまぶす。りんごは皮つきのまま12等分のくし形切りにし、水につけておく(**b**)。

2 鍋(またはフライパン)にオリーブオイル大さじ1を入れて中火にかけ、豚肉を入れ、両面に焼き色がついたら、いったん取り出す。鍋の余分な油脂をキッチンペーパーでとる。

3 **2**の鍋にオリーブオイル小さじ2、玉ねぎ、塩小さじ1/4、キャラウェイシードを入れて中火にかけ、さっと炒めたら、水けをきったりんごとバターを加えて炒める。

4 豚肉を戻し入れ、白ワインを加えて沸騰させ、水1/2カップを回し入れる。豚肉とりんごを交互に並べ(**c**)、ふたをして中弱火で約7分煮て、ふたをとって1～2分煮詰める。

Ingredienti

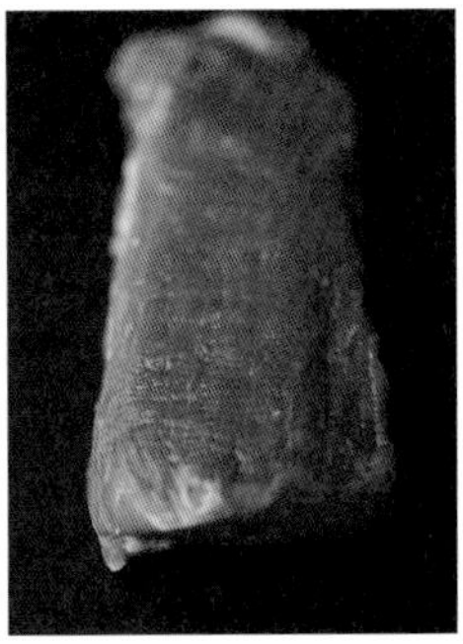

豚フィレ肉
豚肉の部位の中では、もっとも脂肪が少ない肉。肉質はやわらかく、あっさりしている。

Punto

やわらかく仕上げるため、豚肉はめん棒でたたく。1㎝厚さくらいにするのが目安。

りんごは変色しないように水につけておく。皮つきにすることで煮くずれしにくくなり、食感も楽しめる。

豚肉とりんごの味がなじむよう、鍋中で交互に並べる。見た目もきれいなので鍋のまま食卓に。

豚ロース肉の赤ワイン煮
ほうれん草添え

Stufato di maiale al vino rosso con spinaci

**香ばしく焼いた豚肉を赤ワインや調味料と一緒に軽く煮込みます。
玉ねぎの甘みとバルサミコ酢でコクが出て、トマトの旨みも加わった
しっかりした味。ゆで野菜を添えると味のバランスが整います。**

Ingredienti

豚ロース肉
豚の背中側の腰までの肉で、首に近い部分は肩ロースと呼ばれる。赤身と脂身の旨みを味わえる。

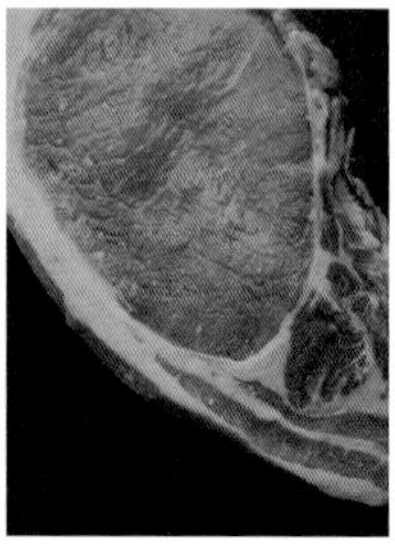

材料＿2人分

豚ロース肉(1cm厚さのとんかつ用)　2枚
小麦粉　大さじ1
玉ねぎ　1/4個
にんにく(薄切り)　1片分
赤ワイン　1/2カップ
トマトソース(→ p.7)　50g
バルサミコ酢　大さじ1
塩　適量
オリーブオイル　適量
ほうれん草(塩ゆでしたもの)　適量

1 豚肉は両面に塩小さじ1/3をふってしばらくおき、キッチンペーパーで水けをとり、小麦粉をまぶす。玉ねぎは薄切りにする。

2 フライパンにオリーブオイル小さじ2を入れて中火にかけ、豚肉を入れ、両面に焼き色がついたら、いったん取り出す。

3 **2**のフライパンにオリーブオイル小さじ2、にんにく、玉ねぎ、塩小さじ1/4を入れて中火で炒め、玉ねぎがしんなりしたら豚肉を戻し入れる。赤ワインを加えて沸騰させ、トマトソースとバルサミコ酢を加えて混ぜ合わせ、ふたをして中弱火で4～5分煮る。

4 器に盛り、食べやすく切ったほうれん草を添える。

豚バラ肉とプルーンの煮込み

Stufato di maiale e prugne

ジューシーでコクのある豚バラ肉と、甘酸っぱいドライプルーンを一緒に煮込んだ、こっくりとした味わいのある料理です。食べごたえもあり、ご飯がすすむ肉の煮込みです。

Ingredienti

豚バラブロック肉
豚のあばら骨あたりの肉。赤身と脂身が層になっているのが特徴で、脂肪が多くコクがある。

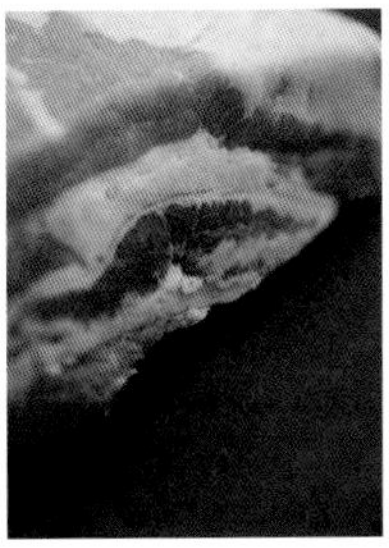

材料＿2〜3人分

豚バラブロック肉　300g
ドライプルーン（種抜き）　6個
玉ねぎ　1/2個
小麦粉　小さじ2
バルサミコ酢　20㎖
赤ワイン　80㎖
軽いチキンブロード（→ p.7）　約1カップ
フェンネルシード（またはマジョラム）　小さじ1/4
塩・黒こしょう　各適量
オリーブオイル　小さじ1
イタリアンパセリ（みじん切り）　適量

1 豚肉は1.5㎝幅に切り、両面に塩小さじ2/3と黒こしょう少々をふってしばらくおき、キッチンペーパーで水けをとる。プルーンは半分に切る。玉ねぎは5㎜幅に切る。

2 フライパンにオリーブオイルを入れて中火にかけ、豚肉を入れ、両面に焼き色がついたら片側に寄せる。フライパンの余分な油脂をキッチンペーパーでとり、空いたところに玉ねぎと塩小さじ1/4を入れて中火で炒める。薄く色づいたら玉ねぎの上に小麦粉をふり入れ、さらに炒める。

3 バルサミコ酢と赤ワインを加えて沸騰させ、プルーンを加え、ブロードをひたひたに注ぐ。煮立ったらアクをとり、フェンネルシードを加える。

4 ふたをして豚肉がやわらかくなるまで弱火で15〜20分煮て、塩・黒こしょう各少々で味を調える。器に盛り、イタリアンパセリを散らす。

小さな肉だんごのクリーム煮

Polpettine di carne alla crema

肉だんご料理は「ポルペッティーネ」と呼ばれ、イタリア全土でポピュラーです。フレッシュなセージの葉が香る奥深い味わいのクリームソースは、パスタソースにしてもおいしいですよ。

Ingredienti

合いびき肉
違う種類の肉(一般的に牛肉と豚肉)を合わせてひいたもの。ここでは牛肉と豚肉7:3が望ましい。

材料＿2～3人分

＜肉だんご＞

- 合いびき肉　250g
- パルミジャーノチーズ(すりおろし)　大さじ1(6g)
- 溶き卵　1/2個分
- 塩　小さじ1/4
- 黒こしょう　少々

細びきパン粉　適量
バター　10g
セージの葉　5～6枚
生クリーム　3/4カップ
オリーブオイル　小さじ2
塩・黒こしょう　各少々

1 ボウルに肉だんごの材料を入れてよく混ぜ、20等分にして丸め、パン粉をまぶす。

2 フライパンにオリーブオイルを入れて中火にかけ、肉だんごを入れ、全面に焼き色がついたらいったん取り出す。フライパンの余分な油脂をキッチンペーパーでとる。

3 **2**のフライパンにバターとセージを入れて中火にかけ、肉だんごを戻し入れる。生クリームを加え、ふたをして弱火で約2分煮たら肉だんごを裏返し、3～4分煮る。塩、黒こしょうで味を調える。

肉だんごのトマトソース煮

Polpettine di carne in salsa di pomodoro

**日本のハンバーグのような料理で、イタリアでは肉だねにチーズを加えます。
ご飯にもパンにも合い、ゆでたパスタとさっとあえてもおいしいので、
作っておくと毎日のごはん作りにとても重宝します。**

材料＿2〜3人分

＜肉だんご＞
- 合いびき肉　250g
- パルミジャーノチーズ(すりおろし)　大さじ1(6g)
- 玉ねぎ(みじん切り)　1/4個分
- 卵　1個
- パン粉　大さじ1〜2
- 塩・黒こしょう　各少々

細びきパン粉　適量
トマトソース(→ p.7)　200g
オリーブオイル　小さじ2
イタリアンパセリ(みじん切り)　適量

1 ボウルに肉だんごの材料を入れてよく混ぜ(タネのまとまり具合はパン粉の量で調整する)、12等分にして丸め、上から押さえて少しつぶし、パン粉をまぶす。

2 フライパンにオリーブオイルを入れて中火にかけ、肉だんごを入れる。焼き色がついたら裏返し、裏面にも焼き色がついたら、ふたをして弱火で4〜5分蒸し焼きにし、いったん取り出す。フライパンの余分な油脂をキッチンペーパーでとる。

3 **2**のフライパンにトマトソースと水1/4カップを入れて中弱火にかけ、ふたをして約2分煮る。肉だんごを戻し入れ、ふたをして3〜4分煮る。器に盛り、イタリアンパセリを散らす。

魚介の煮込みの基本

魚介は塩をふって水分をとり、臭みを除いて旨みを引き出します。
加熱しすぎるとパサついてしまうので、余熱で火が通ることも考えながら
煮込みすぎないようにするのがポイントです。

鮭ときのこのトマトクリーム煮

Salmone con funghi alla crema di pomodoro

やさしいクリーム味にトマトの旨みを加えた煮込みです。鮭は香ばしく焼くと生臭さがとれ、旨みにつながります。きのこはあまりいじらず香ばしく焼いて、特有の風味を引き出します。

材料＿2人分

生鮭の切り身　2切れ（180g）
塩　小さじ2/3
小麦粉　大さじ1
きのこ（しいたけ、しめじなど）　合わせて100g
白ワイン　1/4カップ
生クリーム　120mℓ
裏ごしトマト（市販品／→ p.7）　大さじ1と1/2
オリーブオイル　適量

1 鮭を下ごしらえする

鮭は両面に塩をふってキッチンペーパーで包み、しばらくおいて水けをとる。3等分のそぎ切りにし、小麦粉をまぶす。

2 きのこを下ごしらえする

しいたけは軸を切り落とし、1cm幅に切る。しめじは石づきを切り落としてほぐす。

3 鮭を焼く

フライパンにオリーブオイル大さじ1を入れて中火にかけ、鮭の皮目を下にして入れ、途中、裏返して両面を香ばしく焼く。

4 鮭を取り出す

両面を焼いたらいったん取り出す。フライパンの余分な油脂をキッチンペーパーでとる。

5 きのこを炒める

4のフライパンにオリーブオイル小さじ2ときのこを入れて中火で炒め（あまりいじらない）、香りが立ったら白ワインを加えて沸騰させる。

6 仕上げる

生クリームと裏ごしトマトを加え、混ぜ合わせる。鮭を戻し入れてなじませ、ふたをして1〜2分煮る。

かじきとパプリカの煮込み

Pescespada con peperoni in umido

パプリカの甘みやトマトの旨みが煮汁に加わり、冷めてもおいしい料理です。
かじきは火を通しすぎないことがポイント。最後に蒸し煮にすると身がふっくらとします。

材料＿2人分

かじきの切り身　2切れ(160g)
パプリカ(赤・黄)　各1/3個
玉ねぎ　1/3個
にんにく(薄切り)　1片分
カットトマト缶　1/4缶(100g)
オリーブ(黒／種なし)　3〜4個
白ワイン　1/2カップ
塩　適量
オリーブオイル　大さじ2
松の実(ロースト／あれば)　小さじ1

1 かじきは1枚を半分のそぎ切りにする。両面に塩小さじ1/3をふってキッチンペーパーで包み、しばらくおいて水けをとる。パプリカは縦8㎜幅に切ってから斜め半分に切る。玉ねぎは8㎜幅に切る。

2 フライパンにオリーブオイルとにんにくを入れて中弱火にかけ、香りが立ったらにんにくを取り出し、とっておく。かじきを入れて中火にし、両面をさっと焼き、いったん取り出す。

3 **2**のフライパンに玉ねぎと塩少々を入れ、さっと炒めてパプリカを加え(**a**)、炒め合わせる。トマト缶、オリーブ、白ワインを加えて沸騰させ、ふたをせずに中弱火で2〜3分煮る(**b**)。

4 かじきを戻し入れ(**c**)、ふたをして弱火で5〜6分煮て火を通す(途中で一度かじきを裏返す)。器に盛り、取り出したにんにくとあれば松の実をのせる。

Ingredienti

かじき
めかじきやまかじきなどの種類がある大型の魚で、かじきまぐろとも呼ばれる。

Punto

玉ねぎのシャキッとした食感を残すため、さっと炒めてからパプリカを加える。

トマトの酸味と、白ワインのアルコール分をとばすために沸騰させ、ふたをしないで中弱火で煮る。

さっと焼いたかじきは、なるべく煮汁の中に入れ込むようにして戻し入れ、しっかりと味をなじませる。

たらのブロッコリーソース煮

Merluzzo con salsa di broccoli in umido

南部のプーリア州で定番のブロッコリーをくたくたにゆでたパスタソースに、たらのソテーを合わせました。野菜の甘みを引き出したブロッコリーにたらの旨みも加わって、おいしいソースになります。

Ingredienti

たら
冬が旬の魚。淡泊な味わいで、身がやわらかく食べやすい。小さなウロコが残っていたらこそげとる。

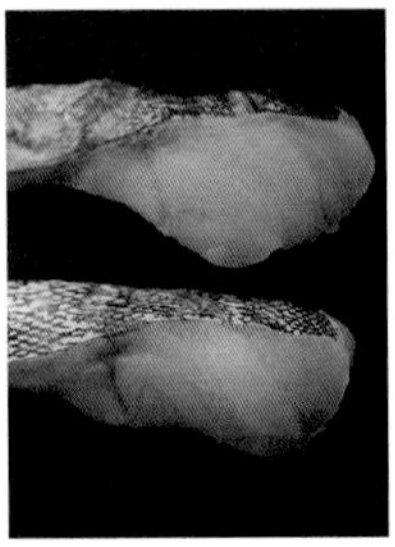

材料＿2人分

生だらの切り身　2切れ(180g)
小麦粉　大さじ1
ブロッコリー　1/2個(120g)
玉ねぎ　1/4個
白ワイン　1/2カップ
軽いチキンブロード(→ p.7)　1/2〜1カップ
塩　適量
オリーブオイル　適量
黒こしょう　少々

1 たらは包丁で小さなウロコをこそげとり、両面に塩小さじ1/3をふってキッチンペーパーで包み、しばらくおいて水けをとり、小麦粉をまぶす。ブロッコリーは小房に分け、やわらかめに塩ゆでし、薄切りにする。玉ねぎは薄切りにする。

2 フライパンにオリーブオイル大さじ1を入れて中火にかけ、たらの皮目を下にして入れ、焼き色がついたら裏返し、さっと焼いていったん取り出す。フライパンの余分な油脂をキッチンペーパーでとる。

3 **2**のフライパンにオリーブオイル大さじ2、玉ねぎ、塩小さじ1/4を入れて中弱火で炒め、玉ねぎがしんなりしたらブロッコリーと白ワインを加えて沸騰させ、ブロードをひたひたに加える。

4 たらを戻し入れてなじませ、ふたをして弱火で2〜3分煮る。器にブロッコリーソースを敷き、たらをのせ、黒こしょうをふる。

貝とクスクスの煮込み

Couscous con conchiglie in umido

クスクスはセモリナ粉で作る世界最小のパスタといわれています。地中海の島、サルデーニャ州には「フレーグラ」という小さなパスタを使う煮込み料理があり、そこからヒントを得た料理です。

Ingredienti

あさり・ほたて
あさりから出るだしは煮汁の旨みになる。ほたて貝柱はやわらかく、特有の上品な甘みがある。

材料＿2人分

あさり(砂抜き済み)　200g
ほたて貝柱　4個
クスクス(乾燥)　50g
ミディトマト　1個
軽いチキンブロード(→p.7)　1/2カップ
にんにく(みじん切り)　1片分
玉ねぎ(みじん切り)　1/4個分
白ワイン　1/4カップ
塩　適量
オリーブオイル　適量
イタリアンパセリ(みじん切り)　適量

1　あさりはよく洗う。ほたては厚みを半分に切る。ミディトマトは1cm角に切る。

2　フライパンにオリーブオイル小さじ1とクスクスを入れ、中火で炒めてブロードを加え、沸騰したらふたをして火を止め、袋の表示時間どおりに蒸らす。

3　別のフライパンにオリーブオイル大さじ2とにんにくを入れて中弱火にかけ、香りが立ったら玉ねぎと塩少々を加えて1〜2分炒める。あさりと白ワインを加えてふたをし、沸騰してあさりの口が開いたら、飾り用に4個を残して取り出す。殻を除いてむき身にし、フライパンに戻す。ミディトマトを加えて混ぜる。

4　**3**を**2**のフライパンに移し、ほたてをのせてふたをし、弱火で3〜4分煮て塩少々で味を調える。器に盛り、イタリアンパセリを散らす。

やりいかの詰め物 トマト煮

Calamari ripieni in salsa di pomodoro

**小ぶりのいかにパン粉や野菜を詰める「リピエーニ」と呼ばれる料理は、南イタリアで
やりいかがとれる地域の家庭料理です。詰め物は7分目くらいまで詰めるのがコツです。**

材料＿２人分

やりいか（胴の長さ13～15㎝のもの）　4はい
<詰め物（約100ｇ分）>
- やりいかの足とエンペラ（粗みじん切り）　4はい分
- パン粉　大さじ3
- 溶き卵　1/2個分
- イタリアンパセリ（みじん切り）　大さじ1
- オリーブオイル　小さじ2

にんにく（みじん切り）　1片分
玉ねぎ（みじん切り）　1/4個分
塩　小さじ1/4
黒こしょう　少々
裏ごしトマト（市販品／→ p.7）　100ｇ
オリーブオイル　小さじ2
イタリアンパセリ（みじん切り）　適量

1 いかは足とワタを引き抜き、ワタと軟骨とくちばしは取り除く。胴とエンペラは皮をむく（**a**）。足とエンペラは粗みじん切りにする。

2 ボウルに詰め物の材料を入れ、よく練り混ぜ（分量が足りない場合は、パン粉を増やして調整する）、4等分にする。

3 いかの胴に**2**をスプーンで7分目くらいまで詰め（**b**）、口をようじでとめ、4～5か所にようじで穴をあける。

4 フライパンにオリーブオイル、にんにく、玉ねぎ、塩、黒こしょうを入れて中弱火にかけ、玉ねぎがしんなりするまで炒める。

5 裏ごしトマト、水30～50mℓを加え、**3**を入れて弱火で1～2分煮たら裏返し（**c**）、ふたをして約5分煮る（煮詰まったら水適量を足す）。器に盛り、イタリアンパセリを散らす。食べるときにようじをはずす。

Ingredienti

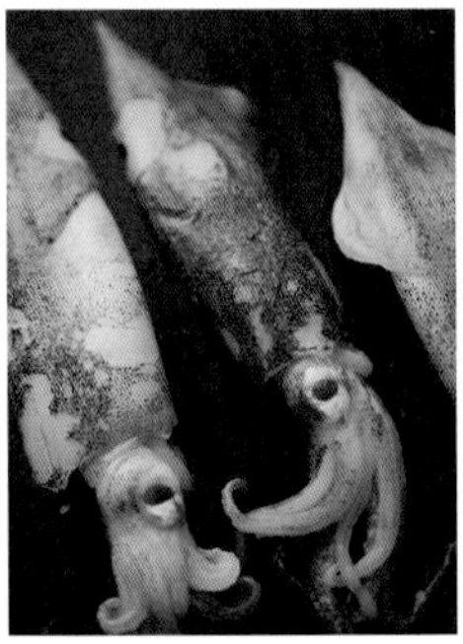

やりいか
細長い形が特徴的。秋頃から小やりいかが出始め、冬から春にかけて多く出回る。

Punto

いかは下処理して胴と足とエンペラに分け、それぞれさっと洗ってキッチンペーパーで水けをとる。

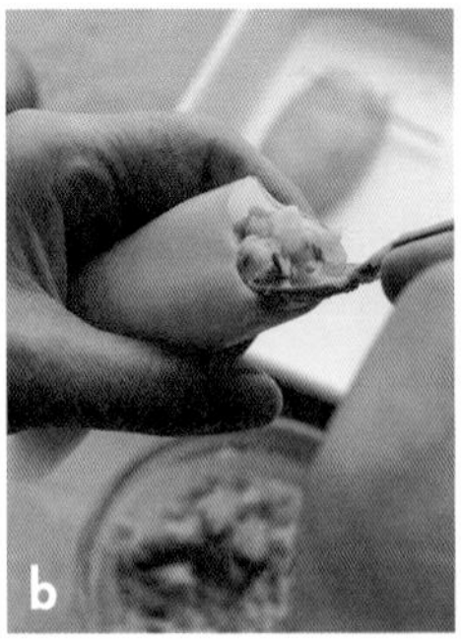

詰め物の量が多すぎると、煮ているときに破裂しやすいので、7分目くらいを目安に調整する。

いかは途中で裏返し、全体にまんべんなくトマトソースをからめる。

えびとエリンギの香味オイル煮

Gamberi con funghi cardoncelli in olio aromatico

**えびやエリンギはオイル煮にすると、よりおいしくなる食材です。
その旨みや香りが移ったオイルも格別な味わいになるので、
パンや温野菜をオイルにつけて食べるのもいいですね。**

Ingredienti

えび
いろいろな種類があり、一般的に買いやすいのはブラックタイガー。主に養殖されている。

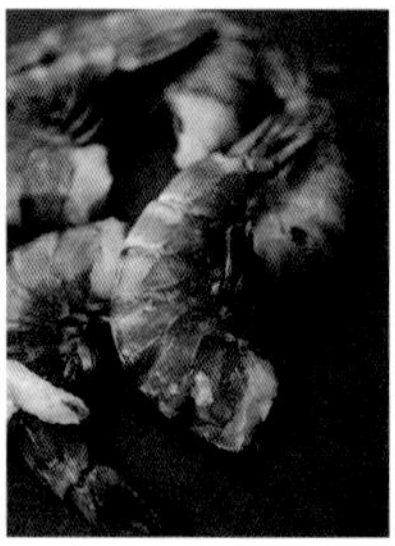

材料＿2人分

えび（ブラックタイガーなど）　4尾（300g）
塩　小さじ1/2
エリンギ　150g
にんにく（薄切り）　2片分
赤唐辛子（輪切り）　1/3本分
オリーブオイル　80mℓ
レモン（くし形切り）　適量
バゲット（スライスする）　適量

1 えびは殻と背ワタをとり、さっと洗う。両面に塩をふってキッチンペーパーで包み、しばらくおいて水けをとり、2～3等分に切る。エリンギは食べやすい大きさに切る。

2 小鍋にオリーブオイル、にんにく、赤唐辛子を入れて中弱火にかけ、香りが立ったら、えびとエリンギを加え（油ハネに注意する）、2～3分煮る。

3 食べるときにレモンを搾り、トーストしたバゲットを添える。

魚介のラグーとレモンポテト

Ragù di pesce con patate al limone

「ラグー」は煮込むという意味で、魚介のラグーは主に旨みの強いいかを使います。
一緒に食べるレモンポテトは、さわやかなレモンの香りを効かせるのがポイントです。

材料＿2～3人分

いかの胴　100g
えび（ブラックタイガーなど）
　4尾（300g）
塩　小さじ1/3
ほたて貝柱　30g
にんにく（粗みじん切り）　1片分
赤唐辛子（種をとる）　1/2本
玉ねぎ（粗みじん切り）　1/4個分
白ワイン　1/4カップ
カットトマト缶　150g
ドライオレガノ　小さじ1/4
オリーブオイル　大さじ1と1/2
イタリアンパセリ（みじん切り）・
　レモンポテト　各適量

レモンポテト　材料と作り方＿作りやすい分量

じゃがいも2個（250g）とにんじん20gはひと口大に切ってやわらかくなるまでゆでる。水けをきってボウルに入れ、塩小さじ1/3、オリーブオイル大さじ2、レモン汁大さじ1、イタリアンパセリ（みじん切り）小さじ2を順に加え、そのつど野菜を軽くつぶしながら混ぜ合わせる。

1　いかは皮をむいて粗みじん切りにする。えびは殻と背ワタをとり、さっと洗う。両面に塩をふってキッチンペーパーで包み、しばらくおいて水けをとる。ほたてとともに1cm角に切る。

2　フライパンにオリーブオイル、にんにく、赤唐辛子を入れて中弱火にかけ、香りが立ったら赤唐辛子を取り出す。玉ねぎを加えて1～2分炒め、いかを加えてさっと炒め、白ワインを加えて沸騰させる。

3　トマト缶、オレガノ、水1/4カップを加え、ふたをして弱火で約10分煮る。いかがやわらかくなったら、えびとほたてを加えて火を通す。

4　器にレモンポテトを盛り、**3**をかけ、イタリアンパセリを散らす。

野菜の煮込みの基本

野菜はよく煮ると甘みが出て、かさも減るのでたっぷりと食べられます。
肉や魚介を一緒に煮れば味出しにもなり、ボリュームもアップします。
豆は市販のゆで豆を活用すれば、とても手軽です。

鶏肉入りカポナータ

Caponata con pollo

野菜を炒め煮するカポナータは、イタリアンの前菜の定番ですが、鶏肉を加えると主菜にもなります。
鶏肉に香ばしく焼き色をつけると旨みになり、野菜もおいしくなります。

材料＿2～3人分

鶏もも肉　1/2枚(150g)

A
- なす 2本
- 玉ねぎ　1/4個
- セロリ　1/3本
- パプリカ(黄)　1/3個(赤・黄各1/6個でも可)

白ワインビネガー　小さじ2

グラニュー糖　大さじ1

裏ごしトマト(市販品／→ p.7)　100g

ケッパー(水でさっと洗う)　小さじ1

ドライオレガノ　小さじ1/4

塩　適量

オリーブオイル　大さじ3

バジリコの葉　適量

1 材料を切る

鶏肉は小さめのひと口大に切り、両面に塩小さじ1/2をふってしばらくおき、キッチンペーパーで水けをとる。**A**の野菜は小さめのひと口大に切る。

2 なすを焼く

フライパンにオリーブオイルを入れて中火にかけ、なすの皮目を下にして入れ、両面に焼き色がついたら、いったん取り出す。

3 鶏肉を焼く

2のフライパンに鶏肉の皮目を下にして入れ、焼き色がついたら裏返し、1～2分焼いて、いったん取り出す。

4 野菜を炒める

3のフライパンに玉ねぎと塩小さじ1/4を入れ、さっと炒めてセロリとパプリカを加えて炒め、片側に寄せる。

5 残りの材料を加える

空いたところに白ワインビネガー、グラニュー糖、裏ごしトマト、水大さじ2、ケッパー、オレガノを加える。

6 仕上げる

なすと鶏肉を戻し入れて混ぜ合わせ、ふたをして弱火で2～3分煮る。器に盛り、ちぎったバジリコを散らす。

かぼちゃと豚肉の煮込み

Stufato di zucca con maiale

北部のヴェネト州(州都はヴェネツィア)に住む料理上手なマンマのレシピが基になっています。かぼちゃのホクホク感を保つため、あまり煮すぎないことがポイントです。

Ingredienti

かぼちゃ
一般的によく出回っているのは西洋かぼちゃ。甘みがあり、ホクホクとした食感が特徴。

材料＿2～3人分

かぼちゃ　1/6個(250g)
豚肩ロース肉(しょうが焼き用)　150g
塩　小さじ1/3
にんにく(粗みじん切り)　小1片分
玉ねぎ(粗みじん切り)　1/4個分
軽いチキンブロード(→p.7)　1/2カップ
イタリアンパセリ(みじん切り)　小さじ1
オリーブオイル　適量
黒こしょう　少々

1 かぼちゃは種とワタをとってさっと洗い、ラップに包んで電子レンジで2分加熱する。皮をところどころむき、小さめのひと口大に切る。豚肉は1枚を3等分に切り、塩をふる。

2 フライパンにオリーブオイル小さじ2とにんにくを入れて中弱火にかけ、豚肉を入れてさっと焼き、いったん取り出す。

3 **2**のフライパンにオリーブオイル小さじ1と玉ねぎを入れてさっと炒め、かぼちゃ、ブロード、イタリアンパセリの半量を加え、ふたをして4～5分煮る。

4 かぼちゃがほぼやわらかくなったら、豚肉を戻し入れて混ぜ合わせ、ふたをして1～2分煮る。器に盛り、残りのイタリアンパセリを散らし、黒こしょうをふる。

キャベツと豚肉の煮込み

Stufato di cavolo con maiale

北イタリアのちりめんキャベツがとれる地域の家庭料理をベースにしたレシピで、日本の家庭でよく使うキャベツと、しょうが焼き用の豚肉を一緒に煮込みます。

Ingredienti

キャベツ
一年中出回っている野菜。加熱すると甘みが出るので、煮込みに向いている。

材料＿2～3人分

キャベツの葉　大4～5枚
豚肩ロース肉(しょうが焼き用)　150g
玉ねぎ　1/4個
ブロックベーコン　50g
にんにく(薄切り)　1片分
白ワイン　1/4カップ
ローリエ　1枚
塩・黒こしょう　各適量
オリーブオイル　適量

1 キャベツは太い芯をとり、3～4等分に切る。豚肉は1枚を3等分に切り、塩小さじ1/2と黒こしょう少々をふる。玉ねぎは薄切りにする。ベーコンは5㎜角の棒状に切る。

2 フライパンにオリーブオイル小さじ2を入れて中火にかけ、豚肉を入れ、両面に焼き色がついたら、いったん取り出す。

3 **2**のフライパンにオリーブオイル大さじ1、にんにく、玉ねぎ、ベーコンを入れて炒める。玉ねぎがしんなりしたら豚肉を戻し入れ、白ワインを加えて沸騰させ、火を止める。

4 キャベツを重ね入れ、水1/4カップ、ローリエを加え、ふたをして中弱火にかけ、約10分煮たら鍋底から上下を返して混ぜ合わせ(途中で煮詰まったら水適量を足す)、ふたをして5～6分煮る。塩・黒こしょう各少々で味を調える。

ひよこ豆と豚肉の煮込み

Stufato di ceci con maiale

その土地でとれる豆と豚肉を煮込む料理は、イタリア全土にある家庭料理です。
ここでは、ゆでたひよこ豆としょうが焼き用の豚肉で、短い煮込み時間でも滋味深く仕上げます。

材料＿2～3人分

ゆでひよこ豆（市販品）　100g
豚肩ロース肉（しょうが焼き用）　150g
ソフリット（→p.7）　150g
ホールトマト缶（ほぐす）　1缶（400g）
ローリエ　1枚
塩・黒こしょう　各適量
オリーブオイル　小さじ1

1　ひよこ豆は水でさっと洗って水けをきる。豚肉は1枚を3等分に切り、塩小さじ1/3と黒こしょう少々をふる。

2　フライパンにオリーブオイルを入れて中火にかけ、豚肉を入れ、両面に焼き色がついたら、いったん取り出す（**a**）。

3　**2**のフライパンにソフリット、トマト缶、ローリエを入れ、ふたをせずに弱火で5～6分煮る（**b**）。

4　ひよこ豆を加え、豚肉を戻し入れ（**c**）、ふたをして弱火で6～7分煮る。さっと混ぜて塩・黒こしょう各少々で味を調える。

Ingredienti

ひよこ豆
ひよこのような形で、「ガルバンゾ」とも呼ばれる。ホクッとした食感で煮くずれしにくい。

Punto

豚肉は煮る前に両面を香ばしく焼く。フライパンに残ったオイルはそのまま使い、肉の旨みを生かす。

ホールトマト缶はほぐして加え、トマトの酸味をとばすため、ふたをしないで煮る。

豚肉を戻し入れたら、かたくならないように軽く煮る。ひよこ豆も煮くずれずに特有の食感が残る。

グリーンピースといかの煮込み

Piselli con calamari in umido

春の訪れを告げるグリーンピースと、やわらかいやりいかの
軽い煮込みです。生の豆が出回らない季節には、
市販の冷凍のものを使ってもおいしく作れます。

Ingredienti

グリーンピース
春先から初夏にかけて、生のものが出回る。しっかりとした食感と味わいが特徴的。

材料＿2〜3人分

グリーンピース（さやから出す）　150g
やりいか　1ぱい（200g）
いんげん　100g
玉ねぎ（粗みじん切り）　1/4個分
白ワイン　1/4カップ
カットトマト缶　1/4缶（100g）
タイム（生）　1枝
塩・黒こしょう　各少々
オリーブオイル　大さじ1

1 いかは足とワタを引き抜き、ソタと軟骨とくちばしは取り除く。胴とエンペラは皮をむき、胴は1cm幅に切る。エンペラと足は食べやすく切る。いんげんは両端を切り落とし、ほぼやわらかくなるまで約5分塩ゆでし、1cm幅に切る。

2 フライパンにオリーブオイルと玉ねぎを入れて中火にかけ、しんなりするまで炒める。白ワインを加えて沸騰させ、グリーンピース、**1**のゆでたいんげん、トマト缶、水1/4カップ、タイムを加え、ふたをせずに中弱火で7〜8分煮て、タイムを取り出す。

3 豆がほぼやわらかくなったら、いかの胴、足、エンペラを加え、ふたをして3〜4分煮る。塩、黒こしょうで味を調える。

ミックスビーンズとベーコンの煮込み

Stufato di legumi misti con bacon

イタリアではパンチェッタを使うことが多いですが、ここでは
ベーコンを使いました。仕上げにオリーブオイルとチーズをかけると、
さわやかな香りとコクが加わり、おいしさもアップします。

Ingredienti

ミックスビーンズ
加熱した数種の豆を缶詰やパック詰めにしたもの。豆の種類は製品によって異なる。

材料＿2～3人分

ミックスビーンズ（市販品）　100g
ブロックベーコン　30g
ソフリット（→ p.7）　150g
カットトマト缶　1/2缶（200g）
塩　小さじ1/2
オリーブオイル　適量
イタリアンパセリ（みじん切り）　適量
パルミジャーノチーズ（すりおろし）　適量

1 ミックスビーンズは水でさっと洗って水けをきる。ベーコンは8㎜角に切る。

2 フライパンにオリーブオイル小さじ1とベーコンを入れて中火にかけ、焼き色がついたら、ソフリットを加えて混ぜ合わせる。

3 トマト缶とミックスビーンズを加え、ふたをせずに強めの中火で2～3分煮たら、ふたをして弱火で約5分煮て、塩で味を調える。

4 器に盛り、オリーブオイル適量を回しかけ、イタリアンパセリとパルミジャーノを散らす。

コラム1

野菜の甘酢漬け

ミニトマトの甘酢漬け

ミニトマトは皮を湯むきします。黄色いものは
皮が薄いので、火を通しすぎないようにしましょう。

材料＿作りやすい分量

ミニトマト(赤・黄)　合わせて20個(300g)

A
- 白ワインビネガー　40mℓ
- 水　120mℓ
- 砂糖　大さじ2
- 塩　小さじ1/4
- ドライスイートバジリコ　小さじ1/4

バジリコの葉　適量

1 小鍋にAを入れて中火にかけ、ひと煮立ちさせて火を止め、そのまま冷ます。

2 ミニトマトはヘタをとって熱湯に入れ、皮がはじけたら冷水につけ、ざるに上げて皮をむく。熱湯消毒した保存容器(400mℓくらいのもの)に入れ、1を注ぐ。食べるときにバジリコを添える。

※冷蔵庫で約1週間保存可。翌日以降が食べ頃。

3色野菜の甘酢漬け

彩りのきれいな一品です。作りおきしておくと、
主菜のつけ合わせやサラダにもできて便利です。

材料＿作りやすい分量

カリフラワー　1/4個(140g)

セロリ　1/2本(80g)

にんじん　1/2本(80g)

塩　小さじ1/4

A
- 白ワインビネガー　1/2カップ
- 水　1カップ
- ピンクペッパー(粒)　4～5粒
- ローリエ　1枚
- 砂糖　50g
- 塩　小さじ1/2

1 小鍋にAを入れて中火にかけ、ひと煮立ちさせて火を止め、そのまま冷ます。

2 カリフラワーは小房に分ける。セロリは食べやすい大きさに切る。にんじんは8mm厚さの輪切りにし、花型で抜く。

3 鍋に湯を沸かして塩を入れ、2を入れて約1分ゆで、ざるに広げて冷ます。熱湯消毒した保存容器(400mℓくらいのもの)に入れ、1を注ぐ。

※冷蔵庫で約10日間保存可。翌日以降が食べ頃。

紫玉ねぎの甘酢漬け

仕上げにオリーブオイルを加えることで、
玉ねぎの辛みや、酢の酸味がまろやかになります。

材料＿作りやすい分量

紫玉ねぎ　1個

A
- りんご酢　1/4カップ
- 水　1/2カップ
- 塩　小さじ1/4

砂糖　大さじ3

ドライタラゴン　小さじ1/8

オリーブオイル　小さじ2

1 紫玉ねぎは縦半分に切ってから、横5㎜厚さに切る。

2 鍋に**1**と**A**を入れて中火にかけ、混ぜ合わせる。沸騰したら弱火にし、玉ねぎがしんなりしてきたら砂糖を加え、ふたをせずに中弱火で約5分煮る。

3 タラゴンをふって火を止め、粗熱がとれたら熱湯消毒した保存容器（300㎖くらいのもの）に入れ、オリーブオイルを注ぐ。

※冷蔵庫で約2週間保存可。翌日以降が食べ頃。

ラディッシュの甘酢漬け

ラディッシュはゆでると赤い色が薄まりますが、
淡いピンク色も目を楽しませてくれますね。

材料＿作りやすい分量

ラディッシュ　15個

塩　小さじ1/4

A
- 白ワインビネガー　1/4カップ
- 白ワイン　1/4カップ
- 水　3/4カップ
- ピンクペッパー（粒）　5粒
- ローリエ　1枚
- 砂糖　50g
- 塩　大さじ1/2

1 小鍋に**A**を入れて中火にかけ、ひと煮立ちさせて火を止め、そのまま冷ます。

2 ラディッシュは茎を5㎜ほど残して切り落とす。

3 鍋に湯を沸かして塩を入れ、**2**を入れて約30秒ゆで、ざるに広げて冷ます。熱湯消毒した保存容器（400㎖くらいのもの）に入れ、**1**を注ぐ。

※冷蔵庫で約1週間保存可。翌日以降が食べ頃。

Part 2

Risotto al gorgonzola

ゴルゴンゾーラのリゾット

(→ p.52)

リゾット＆スープ

Risotti e zuppe

リゾットは、米と玉ねぎ、そのほかの具材をブロード(洋風だし)で煮込む料理です。イタリアでは仕上げにバターとチーズをたっぷり入れますが、日本の食習慣に合わせて、バターは使わず、パルミジャーノチーズだけを加えるレシピにしました。軽やかでコクのある味わいをお試しください。スープは、寒い季節には温かいもの、暑い季節には冷たいものを楽しめて、一年中、身体を整えてくれる料理です。ここでは、ひと皿でたっぷり野菜がとれるミネストローネをはじめ、短時間でも滋味深いスープになるレシピを紹介します。

Minestrone di verdure

野菜のミネストローネ (→ p.58)

リゾットの基本

玉ねぎを炒めて甘みを引き出し、米を洗わずに加えて炒め、
あとは具材とブロードを加えながら煮上げていく、とてもシンプルな料理です。
基本の作り方を覚えておくと、季節の食材でおいしいリゾットを作れます。

ゴルゴンゾーラのリゾット

Risotto al gorgonzola

ゴルゴンゾーラはピッカンテ(辛口)とドルチェ(甘口)があり、ピッカンテはメリハリのある味に、ドルチェは塩味や辛みがおだやかで、クリーミーに仕上がります。好みで使い分けてくださいね。

材料＿2〜3人分

米　1合(150g)
ゴルゴンゾーラチーズ　25g
玉ねぎ　1/3個
セロリ　20g
軽いチキンブロード(→p.7)　3〜4カップ
生クリーム　60mℓ
パルミジャーノチーズ(すりおろし)　大さじ3弱(約15g)
塩　小さじ1/2
オリーブオイル　大さじ1
黒こしょう　少々

1 野菜を切る

玉ねぎは粗みじん切りにする。セロリは1cm角目安に切る。

2 玉ねぎと米を炒める

フライパンにオリーブオイル、玉ねぎ、塩を入れて中火で炒める。玉ねぎに油がまわったら、米を洗わずに加えて炒める。

3 ブロードを加える

米に油がまわったら全体がかぶるくらいまでブロードを加え、へらで鍋底から静かに混ぜ、ふつふつとした状態を保ちながら弱火で17〜18分煮る。

4 途中でブロードを足す

途中、水分が少なくなってきたらブロード適量を足し、焦げないようにへらで鍋底から混ぜる。これを5〜6回繰り返す。

5 ゴルゴンゾーラを加える

米がほぼアルデンテになったらセロリを加えて混ぜ、1分ほどしたら、ちぎったゴルゴンゾーラと生クリームを加えて混ぜる。

6 仕上げる

火を止め、パルミジャーノを加えて手早く混ぜ合わせる。器に盛り、黒こしょうをふり、好みでパルミジャーノ(分量外)を添える。

グリーンアスパラのリゾット

Risotto agli asparagi verdi

**アスパラは一年中出回っていますが、春先から初夏が旬の
国産アスパラは風味豊かでほのかな甘さがあり、リゾットと好相性。
半熟のゆで卵を混ぜながら食べるのもおすすめです。**

Ingredienti

グリーンアスパラ
ゆでてサラダなどに使われる野菜。特有の甘みや旨みがあり、煮込んでもおいしい。

材料＿2〜3人分

米　1合(150g)
グリーンアスパラ　4〜5本
玉ねぎ(粗みじん切り)　1/4個分
軽いチキンブロード(→ p.7)　3〜4カップ
パルミジャーノチーズ(すりおろし)
　大さじ3強(約20g)
塩　小さじ1/3
オリーブオイル　大さじ2
半熟ゆで卵(半分に切る)　2〜3個分

1 グリーンアスパラは根元のかたい部分を切り落とし、1cm幅に切る。穂先は残しておく。

2 フライパンにオリーブオイル、玉ねぎ、塩を入れて中火で炒める。玉ねぎに油がまわったら、米を洗わずに加え、穂先以外のアスパラを加えて炒める。

3 米に油がまわったら全体がかぶるくらいまでブロードを加え、へらで鍋底から静かに混ぜ、ふつふつとした状態を保ちながら弱火で17〜18分煮る。途中、水分が少なくなってきたらブロード適量を足し、焦げないようにへらで鍋底から混ぜる。これを5〜6回繰り返す。

4 米がほぼアルデンテになったらアスパラの穂先を加えて混ぜ、1分ほどしたら火を止める。パルミジャーノを加えて手早く混ぜ合わせ、器に盛り、ゆで卵をのせ、パルミジャーノチーズ(すりおろし／分量外)少々をふる。

菜園風リゾット 雑穀米入り

Risotto all'ortolana con riso ai cereali

**彩りのきれいな野菜たっぷりで、ヘルシーなリゾットです。
見た目も華やかで食欲をそそるうえに、雑穀米は食感も楽しく、
栄養バランスもアップします。**

Ingredienti

雑穀米
数種類の穀物を混ぜたもので、製品によって穀物の種類は異なる。白米に加えて炊くことが多い。

材料＿2〜3人分

米　1合(150g)
雑穀米　20g
A
- 玉ねぎ　1/4個
- にんじん　15g
- セロリ　15g
- ズッキーニ　20g
- パプリカ(赤・黄)　各20g

ミニトマト　4個
軽いチキンブロード(→ p.7)　3〜4カップ
パルミジャーノチーズ(すりおろし)
　大さじ3強(約20g)
塩　小さじ1/3
オリーブオイル　適量

1 **A**の玉ねぎとパプリカは8㎜四方、ほかの野菜は8㎜角を目安に切る。ミニトマトは4等分に切る。

2 フライパンにオリーブオイル大さじ2、玉ねぎ、塩を入れ、中火でよく炒める。残りの野菜を順に加え、しんなりしたら米と雑穀米を洗わずに加え、さらに炒める。

3 米に油がまわったら全体がかぶるくらいまでブロードを加え、へらで鍋底から静かに混ぜ、ふつふつとした状態を保ちながら弱火で17〜18分煮る。途中、水分が少なくなってきたらブロード適量を足し、焦げないようにへらで鍋底から混ぜる。これを5〜6回繰り返す。

4 米がアルデンテになったら火を止め、パルミジャーノを加えて手早く混ぜ合わせる。器に盛り、好みでオリーブオイル適量を回しかける。

きのこのクリームリゾット

Risotto alla crema di funghi

生のきのこと乾燥ポルチーニを使うのがポイント。
両方の旨みがクリーミーにからまり、味に深みが出ます。
エリンギとしめじのほか、しいたけなどもいいですね。

Ingredienti

乾燥ポルチーニ
イタリア料理でよく使われるきのこ。乾燥させたものを輸入食材店などで買うことができる。

材料＿2～3人分

米　1合(150g)
きのこ(エリンギ、しめじなど)
　合わせて120g
乾燥ポルチーニ　10g(水80㎖でもどす)
玉ねぎ(粗みじん切り)　1/4個分
軽いチキンブロード(→p.7)
　3～4カップ
生クリーム　1/4カップ
パルミジャーノチーズ(すりおろし)
　大さじ3強(約20g)
塩　適量
オリーブオイル　適量
イタリアンパセリ(みじん切り)　小さじ1

1 エリンギは食べやすく切る。しめじは石づきを切り落としてほぐす。ポルチーニは粗みじん切りにし、もどし汁はとっておく。

2 フライパンにオリーブオイル小さじ2、エリンギ、しめじを入れ、焼き色がついたら裏返し、塩小さじ1/4をふる。片側に寄せ、空いたところにオリーブオイル大さじ1、玉ねぎ、塩小さじ1/4を入れ、中火で炒める。玉ねぎに油がまわったら、米を洗わずに加え、ポルチーニを加えて炒める。

3 米に油がまわったら、全体がかぶるくらいまでポルチーニのもどし汁とブロードを加え、へらで鍋底から静かに混ぜ、ふつふつとした状態を保ちながら弱火で17～18分煮る。途中、水分が少なくなってきたらブロード適量を足し、焦げないようにへらで鍋底から混ぜる。これを5～6回繰り返す。

4 米がほぼアルデンテになったら生クリームを加え、沸騰させる。火を止め、パルミジャーノを加えて手早く混ぜ合わせ、器に盛り、イタリアンパセリを散らす。

えびと枝豆のリゾット

Risotto con gamberi e edamame

**イタリアではえびとグリーンピースで作りますが、
枝豆を使うのもおすすめ。おつまみの枝豆を残しておけば、
翌日にはおいしいリゾットの材料になりますよ。**

Ingredienti

枝豆

成熟する前の大豆。ゆでて冷凍したものや、塩ゆでしたつまみ用のものも販売されている。

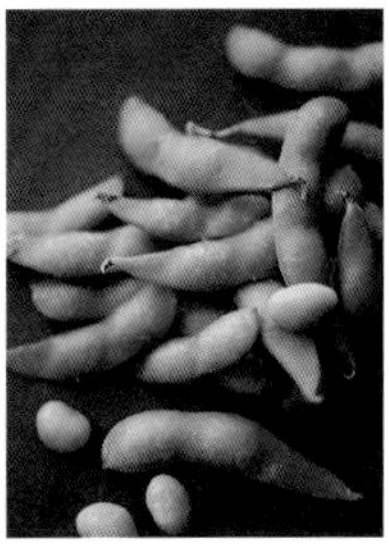

材料＿2〜3人分

米　1合(150g)
えび(ブラックタイガーなど)　6尾
塩ゆでした枝豆(さやから出す)
　100g(正味50g)
にんにく(みじん切り)　1片分
赤唐辛子(種をとる)　1/4本
玉ねぎ(粗みじん切り)　1/4個分
軽いチキンブロード(→p.7)　3〜4カップ
パルミジャーノチーズ(すりおろし)
　大さじ3強(約20g)
塩　適量
黒こしょう　少々
オリーブオイル　適量

1 えびは殻と背ワタをとり、さっと洗う。両面に塩小さじ1/2をふってキッチンペーパーで包み、しばらくおいて水けをとり、3等分に切る。

2 フライパンにオリーブオイル小さじ2、にんにく、赤唐辛子、えびを入れ、中火でさっと炒めていったん取り出す。オリーブオイル大さじ1を足し、玉ねぎと塩小さじ1/4を入れて炒め、油がまわったら米を洗わずに加えて炒める。

3 米に油がまわったら全体がかぶるくらいまでブロードを加え、へらで鍋底から静かに混ぜ、ふつふつとした状態を保ちながら弱火で17〜18分煮る。途中、水分が少なくなってきたらブロード適量を足し、焦げないようにへらで鍋底から混ぜる。これを5〜6回繰り返す。

4 米がほぼアルデンテになったらえびを戻し入れ、枝豆を加えて混ぜる。火を止め、パルミジャーノを加えて手早く混ぜ合わせ、器に盛り、黒こしょうをふる。

スープの基本

具材を炒めたところに、ブロードや水を加えて煮込むのが、
スープ作りの基本です。旨みのあるベーコンや数種の野菜から味が出る
ミネストローネは、水だけで煮ても十分おいしく仕上がります。

野菜のミネストローネ

Minestrone di verdure

日本でも親しまれている具だくさんのスープです。玉ねぎ、にんじん、セロリをよく炒めるのが大事なポイント。ひと晩おくと全体がなじんでさらにおいしくなります。

材料＿2〜3人分

A	玉ねぎ　1/4個	小松菜　1株
A	にんじん　1/4本	ブロックベーコン　30g
A	セロリ　1/4本	ゆで白いんげん豆(市販品)　50g
A	じゃがいも　1個	スパゲッティ　4本
A	しいたけ　1個	塩・黒こしょう　各適量
A	ズッキーニ　1/3本	オリーブオイル　適量

1 材料を切る

Aの玉ねぎは1cm四方、ほかの野菜としいたけは1cm角目安に切る。小松菜は3等分のざく切りにする。ベーコンは1cm幅に切る。

2 材料を炒める

鍋にオリーブオイル小さじ1を入れて中火にかけ、ベーコンを入れ、焼き色がついたら玉ねぎ、にんじん、セロリ、塩小さじ1/2、黒こしょう少々を加え、約5分炒める。

3 水と残りの野菜を加える

水2と1/2カップ、じゃがいも、しいたけ、ズッキーニ、小松菜を加えて混ぜる。

4 残りの材料を加える

水でさっと洗って水けをきった白いんげん豆、4等分に折ったスパゲッティを加え、全体を混ぜる。

5 アクをとって煮込む

煮立ったらアクをとり、ふたをして中弱火で約20分煮込み、塩・黒こしょう各少々で味を調える。

6 仕上げる

器に盛り、オリーブオイル適量を回しかける。

卵とチーズのスープ

Stracciatella in brodo

「ストラッチャテッラ」（引き裂いたきれ）というユニークな名前で呼ばれている郷土料理です。卵とチーズの組み合わせで良質なたんぱく質が摂れるので、元気回復におすすめです。

Ingredienti

パルミジャーノチーズ

イタリアの硬質チーズのパルミジャーノ・レッジャーノ。本書ではパルミジャーノチーズと記載している。

材料＿2～3人分

卵　2個

パルミジャーノチーズ（すりおろし）
　大さじ3強（約20g）

軽いチキンブロード（→ p.7）
　2と1/2カップ

塩・黒こしょう　各少々

1 ボウルに卵を割り入れて溶きほぐし、パルミジャーノを加えてよく混ぜる。

2 鍋にブロードを入れて強火にかけ、沸騰したら1を注ぎ入れて混ぜる。卵が固まったら火を止め、塩、黒こしょうで味を調える。

レンズ豆とあさりのスープ

Zuppa di lenticchie e vongole

イタリアには、コインに見立てたレンズ豆を豚肉と煮込んで、新年の金運を願って年末に食べる習慣があり、親しまれている豆です。あさりとの相性もいいですね。

Ingredienti

乾燥レンズ豆

直径5㎜ほどの平たい豆。下ゆでしなくても使えるので、スープや煮込みに手軽に使える。

材料＿2～3人分

乾燥レンズ豆　100g
あさり(砂抜き済み)　250g
にんにく(みじん切り)　1片分
玉ねぎ(みじん切り)　1/4個分
軽いチキンブロード(→ p.7)　2と1/2カップ
塩　適量
オリーブオイル　適量
イタリアンパセリ(みじん切り)　小さじ1

1 レンズ豆はざるに入れ、流水でさっと洗う。あさりはよく洗う。

2 鍋にオリーブオイル大さじ1とにんにくを入れて中弱火にかけ、香りが立ったらあさりを加えてふたをする。あさりの口が開いたら、いったん取り出す(身が乾かないようにラップをかけておく)。

3 **2**の鍋にオリーブオイル小さじ2、玉ねぎ、塩小さじ1/4を入れて炒め、レンズ豆とブロードを加え、ふたをして豆がやわらかくなるまで約15分煮る。

4 あさりを戻し入れ、塩少々で味を調える。器に盛り、イタリアンパセリを散らし、オリーブオイル適量を回しかける。

冷製じゃがいものポタージュ

Vellutata di patate fredda

**温かいままでも、冷ましてもおいしい、やさしい味のスープです。
じゃがいもは少しかたまりが残る程度につぶして仕上げます。
食べるときに生クリームをたらすと、コクが加わります。**

Ingredienti

じゃがいも
メークインなどいろいろな種類があるが、ここではホクホクとした食感の男爵いもを使用。

材料＿2〜3人分

じゃがいも　2個(250g)
玉ねぎ　1/3個
バター　20g
オリーブオイル　大さじ1
牛乳　1と1/2カップ
塩　適量
白こしょう　少々
生クリーム(あれば)　小さじ2〜3

1. じゃがいもは5㎜厚さのいちょう切りにする。玉ねぎは薄切りにする。
2. 鍋にバターとオリーブオイルを入れて中弱火にかけ、玉ねぎと塩小さじ1/3を入れ、しんなりするまで炒める。
3. じゃがいもと水1/2カップを加え、じゃがいもがやわらかくなるまで、ふたをして約10分煮て火を止める。マッシャー(またはフォーク)でじゃがいもをつぶす。
4. 再度中火にかけ、牛乳を加えてのばし、塩少々、白こしょうで味を調え、火を止める。粗熱をとり、冷蔵庫で冷やす。器に盛り、あれば生クリームをたらす。

冷製かぼちゃのポタージュ

Vellutata di zucca fredda

かぼちゃの自然な甘みを生かした手軽でシンプルなスープ。
短い煮込み時間でもなめらかな食感になるのも特徴です。
小さな器に盛って、前菜の盛り合わせの一品にするのもいいですね。

材料＿2〜3人分

かぼちゃ　1/6個(250g)
玉ねぎ　1/4個
バター　10g
オリーブオイル　小さじ2
牛乳　1と1/4カップ
塩　適量
松の実(ロースト／あれば)　適量

1 かぼちゃは種とワタをとってさっと洗い、ラップに包んで電子レンジで2分加熱する。皮をそぎ落とし、薄切りにする。玉ねぎは薄切りにする。

2 鍋にバターとオリーブオイルを入れて中弱火にかけ、玉ねぎと塩小さじ1/3を入れ、しんなりするまで炒める。

3 かぼちゃと水1カップを加え、かぼちゃがやわらかくなるまでふたをして約10分煮て火を止め、ミキサーに入れて攪拌する。

4 **3**を鍋に戻して中火にかけ、牛乳を加えてのばし、塩少々で味を調え、火を止める。粗熱をとり、冷蔵庫で冷やす。器に盛り、あれば松の実をのせる。

コラム2

フルーツのコンポート

ドライフルーツのコンポート

ワインと一緒に温めてホットワインにしたり、
パウンドケーキの具にしてもおいしいです。

材料＿作りやすい分量

ドライフルーツ（レーズン、あんず、小いちじく）　合わせて100g
赤ワイン　180㎖
シナモンスティック　1/2本

1 ドライフルーツ（あんずは4等分に切る）はボウルに入れ、熱湯をかけて表面の油分を落とし、ざるに上げてキッチンペーパーで水けをとる。

2 鍋に**1**を入れ、赤ワインと水1/4カップを注いで中火にかける。沸騰したらアクをとり、シナモンを加え、キッチンペーパーの落としぶたをして弱火で約10分煮て火を止める。粗熱がとれたら熱湯消毒した保存容器（350㎖くらいのもの）に入れる。

※冷蔵庫で約10日間保存可（シナモンは入れたままでよい）。

りんごのコンポート

りんごは大きめに切ってフレッシュ感を残します。
ヨーグルトやパンケーキのトッピングにしても。

材料＿作りやすい分量

りんご　1個（250g）
A　砂糖　70g
　水　1カップ
　レモン汁　小さじ1
シナモンスティック　1/2本

1 りんごは皮をむいて芯を取り除き、16等分のくし形切りにする。

2 鍋に**1**と**A**を入れて中火にかけ、沸騰したらアクをとり、キッチンペーパーの落としぶたをして弱火で約10分煮る。シナモンを加えて火を止め、粗熱がとれたら熱湯消毒した保存容器（400㎖くらいのもの）に入れる。

※冷蔵庫で約1週間保存可（シナモンは翌日に取り出す）。

オレンジのコンポート

彩りにクランベリーを加えると華やかに。
煮汁にレモン汁を加えると味がしまります。

材料＿作りやすい分量

オレンジ　小2個(400g)
グラニュー糖　60g
A
白ワイン　1/2カップ
水　1/2カップ
レモン汁　小さじ1
ドライクランベリー　5～6粒

1 オレンジは皮とワタをむき、1cm厚さの半月切りにする。鍋に入れ、グラニュー糖をかけてしばらくおく。

2 **1**を中火にかけて**A**を加え、沸騰したらアクをとり、弱火にしてキッチンペーパーで落としぶたをして約5分煮る。クランベリーを加えて火を止め、粗熱がとれたら熱湯消毒した保存容器(300mℓくらいのもの)に入れる。

※冷蔵庫で約1週間保存可。

いちごのコンポート

コンポートには小ぶりのいちごが向いています。
退色を防ぐため、煮すぎないのもポイントです。

材料＿作りやすい分量

いちご　1パック(250g)
グラニュー糖　50g
A
白ワイン　大さじ1
水　90mℓ
レモン汁　小さじ1

1 いちごは洗ってヘタを取り除き、鍋に入れてグラニュー糖をかけ、しばらくおく。

2 **1**を強めの中火にかけて**A**を加え、沸騰したら最初に出てきた泡をとり、弱火にして1～2分煮て火を止める。粗熱がとれたら熱湯消毒した保存容器(400mℓくらいのもの)に入れる。

※冷蔵庫で約5日間保存可。

Part 3

Zuppa di pesce

魚介のズッパ（→ p.68）

アレンジできる軽い煮込み

Stufati veloci e adattabili

煮込み料理はできたてもいいけれど、時間とともに味に深みが出るので、翌日もおいしく食べられるのが魅力です。ここでは、多めに作っておける肉や魚介、野菜の煮込み料理と、それを使ったアレンジレシピを紹介します。イタリア版のポトフのようなボッリート・ミストを、日本人が好きな“おうちカレー”にしたり、トリッパの煮込み風の牛すじ煮込みをご飯にのせてどんぶりにしたり…。イタリアと日本の家庭料理のいいところを組み合わせた使い勝手のよいレシピを楽しんでください。

Pesce e verdure gratinati con pangrattato e formaggio

魚介と野菜の
チーズパン粉焼き
(→ p.70)

魚介の
フライパン焼きリゾット
(→ p.70)

Risotto alla pescatora in padella

魚介のズッパ

Zuppa di pesce

イタリアでは、港の数だけ魚介のスープのレシピがあるといわれています。
これは中部のマルケ州の料理、「ブロデット・ディ・ペッシェ」を基にしたレシピです。

材料＿6食分

白身魚の切り身（鯛やたらなど）　3切れ（300g）
えび（ブラックタイガーなど）　12尾
塩　小さじ1
あさり（砂抜き済み）　200g
ムール貝（冷凍）　8個
サフラン　少々
ソフリット（→ p.7）　150g
裏ごしトマト（市販品／→ p.7）　150g
白ワイン　3/4カップ
オリーブオイル　小さじ2
イタリアンパセリ（みじん切り）　適量
バゲット（スライスする）　適量

1 鯛は3等分のそぎ切りにする。えびは尾を残して殻と背ワタをとる。塩小さじ1/2ずつをそれぞれ両面にふってキッチンペーパーで包み、しばらくおいて水けをとる。貝はよく洗う。サフランは水少々に数分つける。

2 鍋にソフリット、裏ごしトマト、水2カップ、サフランを入れ（**a**）、全体を混ぜ合わせて中弱火にかけておく。

3 フライパンにオリーブオイルを入れて中火にかけ、鯛とえびを入れて焼き（**b**）、両面に焼き色がついたら、順に**2**の鍋に加える。

4 **3**のフライパンを洗わずにあさり、ムール貝、白ワインを入れ、ふたをして沸騰させ、貝の口が開いたら汁ごと**2**の鍋に移す（**c**）。全体を混ぜ、3〜4分煮る。

5 器に盛り、トーストしてオリーブオイル適量（分量外）をかけたバゲットを添え、イタリアンパセリを散らす。

Ingredienti

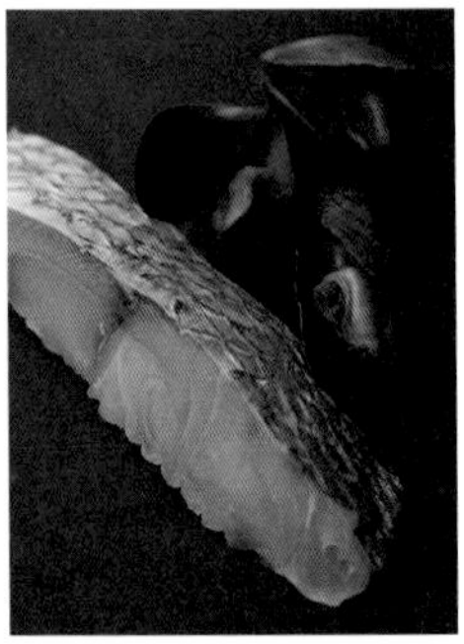

鯛・ムール貝
鯛は淡泊な味わいでズッパ（スープ）に合う。ムール貝は加熱して冷凍したものを使用。

Punto

サフランはスープに色と香りをつけるため、少量を水につけておいてから加える。粉末状のものを使っても。

鯛とえびは、臭みをとり、旨みを閉じ込めるため、表面を香ばしく焼いてから、スープの鍋に順に加えていく。

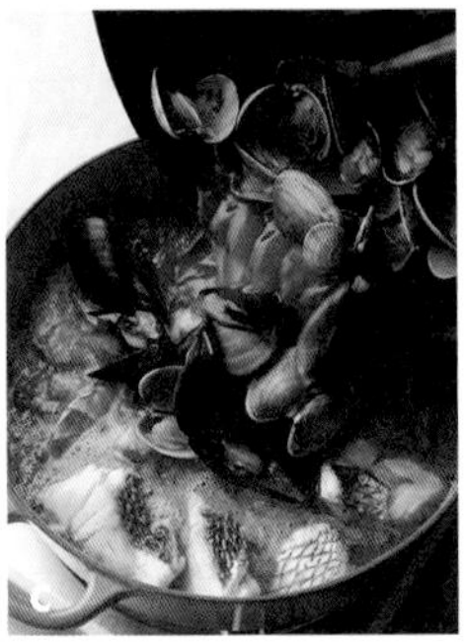

貝の旨みが詰まった煮汁ごとスープの鍋に加える。貝を加えたら、あまり煮すぎず、ほどよく火を通す。

アレンジ1

魚介と野菜のチーズパン粉焼き

Pesce e verdure gratinati con pangrattato e formaggio

魚介のズッパのえびと貝に野菜を加え、チーズ入りのパン粉をかけて焼く料理です。チーズパン粉は、ゆで野菜やパスタ料理にかけてもおいしいです。

材料＿2人分

魚介のズッパ（→ p.68）のえび　4尾
魚介のズッパ（→ p.68）の貝類　適量
玉ねぎ　1/4個
パプリカ（赤・黄）　各1/6個
＜チーズパン粉＞
　パルミジャーノチーズ（すりおろし）
　　大さじ2弱（約10g）
　パン粉　大さじ4（20g）
　にんにく（みじん切り）　1/2片分
　イタリアンパセリ（みじん切り）　小さじ1
　塩　小さじ1/4
　オリーブオイル　大さじ2と1/2
タイム（生）　1枝
レモン（くし形切り）　2切れ

1 ボウルにチーズパン粉の材料を入れて混ぜ合わせる。貝は身のついていない殻を除く。玉ねぎはくし形切りにする。パプリカは縦半分に切る。

2 耐熱皿にえび、貝、野菜を並べ、チーズパン粉をのせる。200℃に予熱したオーブンで約5分、香ばしく焼く。タイムをのせ、レモンを添える。

アレンジ2

魚介のフライパン焼きリゾット

Risotto alla pescatora in padella

魚介の旨みがたっぷり詰まったスープと、炊いたご飯で手軽にできるリゾット。イタリアの料理学校のシェフに教わったまかない料理から発想しました。

材料＿2人分

魚介のズッパ（→ p.68）　適量
炊いたご飯　200g
パルミジャーノチーズ（すりおろし）
　大さじ1（約6g）
イタリアンパセリ（みじん切り）　適量

1 魚介のズッパは、下にボウルを重ねたざるでこし、魚介を取り出す。こしたスープは3/4カップほどとっておく。

2 フライパンに**1**のスープを入れて中火にかけ、ご飯を加えて混ぜ合わせる。パルミジャーノをふってひっくり返し、魚介をのせる。

3 ふたをして約2分火を通し、香ばしい香りがしてきたら火を止める。器に盛り、イタリアンパセリを散らす。

ボッリート・ミスト サルサヴェルデ添え

Bollito misto con salsa verde

北イタリアのピエモンテ州(州都はトリノ)の郷土料理で、ポトフのような煮込み料理です。
この料理に欠かせないサルサヴェルデは、さわやかな味わいの緑色のソースです。

材料＿6食分

豚肩ロース肉(とんかつ用)　3枚(450g)
鶏もも肉　2枚(500g)
玉ねぎ　1個
にんじん　1本
セロリ　1本
ローリエ　2枚
シナモンスティック　1/2本
塩　小さじ2
黒粒こしょう　5粒
サルサヴェルデ(→ p.74)　適量

1 豚肉は1枚を3等分に、鶏肉は1枚を4等分に切る(**a**)。玉ねぎは芯をつけたまま6等分のくし形切りにする。にんじんとセロリは横6等分に切る。

2 鍋に2ℓの湯を沸かし、豚肉と鶏肉を入れ、沸騰したらアクをとり、**1**の野菜を加える(**b**)。

3 塩、黒粒こしょう、ローリエ、シナモンスティックを加え(**c**)、ふたをして中弱火で材料がやわらかくなるまで約10分煮たら、シナモンを取り出す。器に盛り、サルサヴェルデを添える。

Ingredienti

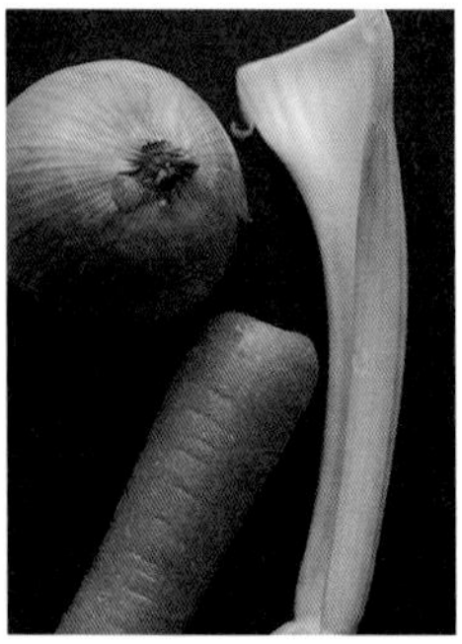

玉ねぎ・にんじん・セロリ
いずれも、やさしいだしが出る野菜。常備しておくと煮込み料理に活用できる。

Punto

ボッリート・ミストは、数種の肉を使うのが特徴で、ここでは豚肉と鶏肉を使用。なるべく大きさをそろえて切る。

肉から出たアクをとったら野菜を加える。玉ねぎは芯をつけたまま切ると、煮ているときにバラバラになりにくい。

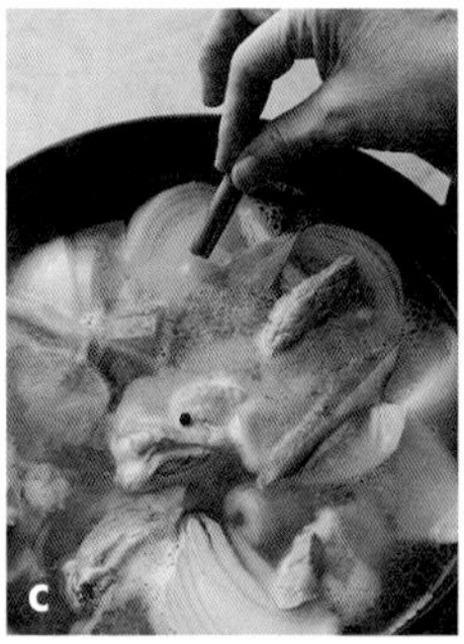

シナモンは特有の甘い香りをつけるために加える。煮たあとに取り出す。

アレンジ1

ソーセージのボッリート

Bollito di salsiccia

**ボッリート・ミストの肉がなくなったら、
ソーセージを加えてボリュームアップします。
ソーセージは中弱火で静かに火を通すと、
切り目を入れなくても皮が裂けにくくなります。**

材料＿2人分

ボッリート・ミスト（→ p.72）の野菜とスープ　適量
ソーセージ　4本
キャベツ　1/8個
サルサヴェルデ　適量

1 キャベツは芯をつけたままくし形切りにする。

2 ボッリート・ミストの野菜とスープを鍋に入れ、ソーセージとキャベツを加えて中弱火にかけ、ふたをして7〜8分煮る。器に盛り、サルサヴェルデと、あれば紫玉ねぎの甘酢漬け（→ p.49）を添える。

サルサヴェルデ

材料と作り方＿作りやすい分量

ボウルにイタリアンパセリの葉（みじん切り）20gとケッパー（水でさっと洗ってみじん切り）小さじ1を入れ、白ワインビネガー（またはレモン汁）大さじ1/2とオリーブオイル70mℓを加え、そのつど混ぜ合わせる。パン粉約大さじ2を加えながら濃度を調整し、塩少々で味を調える。

アレンジ2

チキントマトカレー

Pollo al curry con pomodoro

**味のしみたボッリート・ミストの鶏肉と野菜で
作るカレーです。鶏肉にカレー粉をまぶして、
できれば冷蔵庫でひと晩おくと、よりいっそう
味がなじんでおいしくなりますよ。**

材料＿2人分

ボッリート・ミスト（→ p.72）の鶏もも肉　4切れ
ボッリート・ミスト（→ p.72）の野菜　適量
ボッリート・ミスト（→ p.72）のスープ
　1と1/2カップ
カレー粉　小さじ2
カレールー（固形）　1片
裏ごしトマト（市販品／→ p.7）　150g
塩　少々
炊いたご飯　適量

1 ボッリート・ミストの鶏肉はひと口大に切ってカレー粉をまぶし、しばらくおく。野菜はひと口大に切る。

2 鍋にボッリート・ミストのスープ、**1**、カレールーを入れて中弱火にかけ、煮立ったら全体を混ぜ合わせ、ふたをして弱火で12〜13分煮る。

3 裏ごしトマトを加えて混ぜ合わせ、4〜5分煮たら塩で味を調え、ご飯とともに器に盛る。

牛すじ煮込み

Stufato di tendini di manzo

フィレンツェ名物のトリッパの煮込みのレシピを基に、比較的手に入りやすい牛すじ肉で作っています。おでんやもつ煮込み用で売られている、下ゆで済みの牛すじ肉を使うと手軽にできます。

材料＿6食分

牛すじ肉（下ゆでしたもの）　約400g
じゃがいも　1個(150g)
赤ワイン　1と1/4カップ
ソフリット(→p.7)　100g
ホールトマト缶(ほぐす)　1缶(400g)
トマトペースト(6倍濃縮)　大さじ1
ローリエ　1枚
ローズマリー　1枝
塩　適量
黒こしょう　少々
オリーブオイル　小さじ2

1　牛すじ肉は8㎜幅に切り(a)、キッチンペーパーで水けをとる。じゃがいもは3㎜厚さのいちょう切りにする。

2　鍋(またはフライパン)にオリーブオイルと牛すじ肉を入れて中火にかけ、さっと炒めて赤ワインを加え(b)、沸騰させる。

3　じゃがいも、ソフリット、トマト缶、トマトペースト、水1/4カップ、ローリエ、ローズマリー、塩小さじ1/3を加え(c)、沸騰したらふたをして弱火で10～15分煮る。途中で煮詰まったら水適量を足す。塩少々、黒こしょうで味を調える。

牛すじ肉の下ゆで

鍋に牛すじ肉(生)400gとかぶるくらいの水を入れて中火にかけ、沸騰したらアクをとり、ざるに上げて流水で軽く洗う。ひと口大に切って鍋に入れ、かぶるくらいの水を加えて中火にかけ、沸騰したら中弱火にし、ほぼやわらかくなるまで約30分ゆでる。

Ingredienti

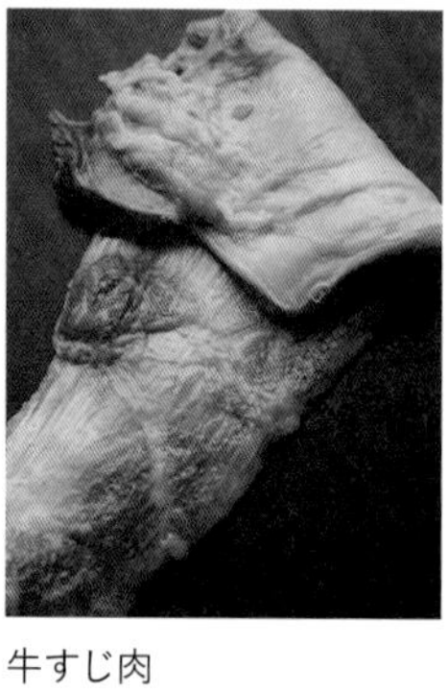

牛すじ肉
牛のアキレス腱のまわりの肉や肩や首などのすじ肉。煮込むと独特の旨みが出る。

Punto

下ゆでした牛すじ肉は、8㎜幅くらいを目安に小さく切ると、煮込み時間が短くてもやわらかく仕上がる。

牛すじ肉を軽く炒めたら、臭みをとり、やわらかく仕上げるために赤ワインを加える。

ソースをなめらかに仕上げるため、ホールトマト缶は、ボウルにあけて手でほぐしてから加える。

アレンジ1

牛すじ煮込みのパニーノ風

Panino con tendini di manzo stufati

フィレンツェの屋台で、名物のもつ煮込みのパニーノをほおばっている人々を思い出す一品。牛すじ煮込みだけでもいいですが、葉野菜やチーズを一緒にはさむと、よりおいしいです。

材料＿2人分

牛すじ煮込み(→ p.76)　100g
フランスパン(カスクート用など)　2個
好みの葉野菜　2枚
スライスチーズ　2枚
オリーブオイル　少々

1 パンに切り込みを入れて軽くトーストし、内側にオリーブオイルをかける。

2 1に葉野菜、牛すじ煮込み、食べやすく半分に切ったチーズをはさむ。半分に切って器に盛り、あれば3色野菜の甘酢漬け(→ p.48)を添える。

ご飯に牛すじ煮込みをのせるだけで、
新しい味を楽しめます。
とろとろのゆで卵をのせて
黄身をくずしながら混ぜ合わせると、
おかわりしたくなるおいしさです。

アレンジ 2

牛すじ煮込み丼

Stufato di tendini di manzo su riso

材料＿2人分

牛すじ煮込み(→ p.76)　100g
卵　1個
炊いたご飯　2杯分

1 卵は沸騰した湯に入れ、約8分ゆでて水にとって冷まし、殻をむく。

2 器にご飯を盛り、牛すじ煮込みをのせ、半分に切った**1**をのせる。

さばのオリーブオイル煮

Sgombro cotto in olio d'oliva

さばにオリーブオイルの風味とレモンの香りがしみた、シンプルなのに味わい深い魚料理です。
さばは煮る前にさっと焼くと香ばしくなり、煮くずれを防ぐこともできます。

材料＿4食分

甘塩骨とりさば　半身2枚
玉ねぎ　1/3個
レモン（国産）　1個
にんにく（薄切り）　2片分
白ワイン　1/4カップ
白ワインビネガー　大さじ2
オリーブオイル　適量
イタリアンパセリ（みじん切り）　小さじ2

1 さばはさっと洗ってキッチンペーパーで水けをとり、1枚を半分のそぎ切りにする。玉ねぎは薄切りにする。レモンは8等分の輪切りにする。

2 フライパンにオリーブオイル小さじ2を入れて中火にかけ、さばの皮目を下にして入れ、軽く焼き色がついたら裏返し（**a**）、さっと焼いて、いったん取り出す。フライパンをキッチンペーパーでふく。

3 **2**のフライパンにオリーブオイル大さじ2、にんにく、玉ねぎを入れて中火でさっと炒め、白ワインと白ワインビネガーを加えて沸騰させる（**b**）。

4 さばを戻し入れ、オリーブオイル1/4カップを注ぎ、ふたをして約5分煮たら、レモンの輪切り4枚をのせ、イタリアンパセリを散らして火を止める（**c**）。

5 器に残りのレモンを敷き、**4**を玉ねぎとにんにく、さば、レモンの順にのせ、煮汁をたっぷりかける。

Ingredienti

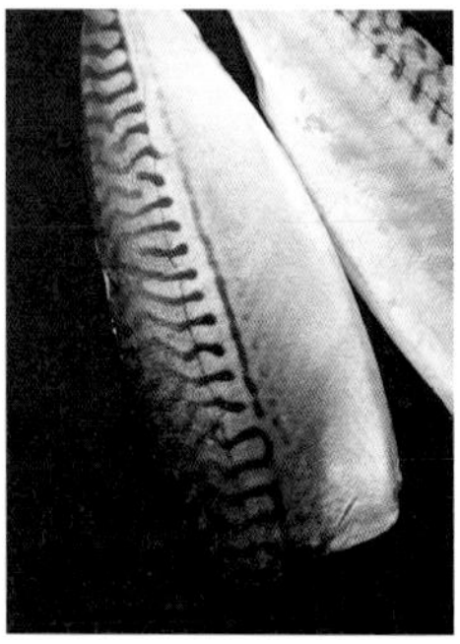

さば
ここでは、下処理して骨を除き「骨とりさば」として販売されているものを使用している。

Punto

a
さばは皮目から入れて焼き色をつける。フライパンを熱しすぎると、さばの皮が縮みやすいので注意する。

b
白ワインと白ワインビネガーを加えたら、アルコール分とビネガーの酸味をとばすために沸騰させる。

c
仕上げにレモンとイタリアンパセリをのせると、さばの臭みがとれ、さわやかな味わいに。

アレンジ1

さばのさっぱりマリナート

Sgombro marinato delicato

材料＿2人分

さばのオリーブオイル煮（→ p.80）　2切れ
紫玉ねぎ　1/8個
レモン（国産／輪切り）　1/2個分
レモン汁　小さじ1/2
ケッパー（水でさっと洗う）　小さじ1/2
イタリアンパセリ（みじん切り）　小さじ2
ピンクペッパー（粒）　少々
塩　小さじ1/2
オリーブオイル　小さじ2

1　さばは粗くほぐし、骨があったら取り除く。紫玉ねぎは薄切りにする。

2　ボウルに**1**を入れ、残りの材料をすべて加えて混ぜ、冷蔵庫で1時間以上ねかせる。

※冷蔵庫で約4日間保存可。保存する場合は熱湯消毒した保存容器に入れ、オリーブオイル大さじ2を回しかける。

さばのオリーブオイル煮に、
レモン汁や紫玉ねぎを加えて
マリネするアレンジです。
レモンのさわやかな香りが、
さばの旨みを引き立てます。

アレンジ2

さばとパプリカのスパゲッティ

Spaghetti con sgombro e peperoni

味のしみたさばとさわやかな
ディルの風味が好相性で、
コクもあるのに、さっぱりとした
パスタ料理です。パプリカは
スパゲッティと一緒にゆでると効率的。

材料＿2人分

さばのオリーブオイル煮(→ p.80)
　1切れ
パプリカ(赤・黄)　各1/6個
スパゲッティ　140 g
ディルの葉　6枚分
塩　適量
オリーブオイル　適量
レモン(半月切り)　2枚

1 スパゲッティは塩を加えた湯で、袋の表示時間を目安にゆで始める。

2 さばは粗くほぐし、骨があったら取り除く。パプリカは5㎜幅に切ってから斜め半分に切る。ディルは4枚分を粗みじん切りにし、残りは仕上げ用にとっておく。

3 フライパンにオリーブオイル小さじ1を入れて中弱火にかけ、さばを入れて軽く炒める。スパゲッティのゆで上がり1分前にパプリカを鍋に加える。

4 ゆで上がったスパゲッティとパプリカ、ゆで汁大さじ2〜3、**2**のディルを加え、全体を混ぜ合わせる。器に盛り、オリーブオイル適量を回しかけ、残りのディルをちぎって散らし、レモンを添える。

ポルペットーネ

Polpettone

ポルペットーネは、イタリア語で大きな肉だんごという意味です。この料理を習ったマンマはこれの2倍くらいの大きなものを作ってくれて、肉がくずれても気にせず、おおらかでした。

材料＿4〜6食分

＜肉だね＞

- 合いびき肉　400g
- 卵　1個
- イタリアンパセリ（みじん切り）　小さじ2
- 塩　小さじ1/2
- 黒こしょう　少々
- パルミジャーノチーズ（すりおろし）　大さじ2弱（約10g）

うずらの卵（ゆでて殻をむく）　5個
ピメントオリーブ（緑）　6個
小麦粉　小さじ2
にんにく（みじん切り）　1片分
玉ねぎ（みじん切り）　1/4個分
塩　小さじ1/3
ホールトマト缶（ほぐす）　2缶（800g）
ドライオレガノ　小さじ1/4
オリーブオイル　大さじ1
イタリアンパセリ（みじん切り）　小さじ1

1　ボウルに肉だねの材料を順に入れて混ぜ、最後にパルミジャーノを加え、ゴムべらで混ぜ合わせる。

2　ラップに肉だねの半量をのせ、約7×20㎝を目安に広げ、うずらの卵とオリーブを並べる（**a**）。残りの肉だねをのせて広げ、ラップに包んで形を整え（**b**）、ラップをはずして全体に小麦粉をまぶす。

3　フライパンにオリーブオイルと**2**を入れて中火にかけ、全体に焼き色がついたら片側に寄せる。空いたところににんにく、玉ねぎ、塩を入れてさっと炒め、トマト缶、水1/4カップ、オレガノを加える。

4　肉を中央にずらし（**c**）、ソースを混ぜながら肉にかけて全体にからめ、ふたをして弱火で17〜18分煮る。途中、焦げないようにへらで肉を少し動かす。肉汁が落ち着いたら切り分けて器に盛り、イタリアンパセリを散らす。

Ingredienti

ピメントオリーブ
グリーンオリーブの種を除き、唐辛子の一種で甘みのあるピメントを詰めたもの。

Punto

両端をうずらの卵1個分くらい空けて並べると、肉だねの両端にすき間ができず、煮くずれしにくい。

肉だねをラップで包み、両端を持ってぎゅっと形を整えたら、ラップをはずす。

トマト缶などを加えたら、片側に寄せておいた肉をへらで中央にずらし、全体にソースをからめる。

アレンジ1

ズッキーニとポルペットーネのグラタン

Zucchini e polpettone gratinati

グラタンはチーズをたくさんかけて焼くイメージがありますが、これは少ないチーズでズッキーニとポルペットーネのおいしさをしっかりと味わえるレシピです。

材料＿2人分

ポルペットーネ(→ p.84)　2切れ
ポルペットーネ(→ p.84)のソース　適量
ズッキーニ　1/2本
溶けるチーズ(モッツァレラのシュレッド)　40g
オリーブオイル　小さじ2
ミントの葉　4〜5枚

1 ポルペットーネは1切れを半分に切る。ズッキーニは縦に4等分に切る。

2 フライパンにオリーブオイルを入れて中火にかけ、ズッキーニを入れ、両面に焼き色をつける。

3 耐熱皿にポルペットーネとズッキーニを交互に並べ、ところどころにポルペットーネのソースとチーズをのせる。200℃のオーブンで焼き色がつくまで6〜7分焼き、ミントを散らす。

アレンジ2

なすとラグーのペンネ

Penne al ragù con melanzane

ポルペットーネの両端(オリーブとうずらの卵のない部分)とソースでラグーを作り、ペンネをからめます。肉は大きめにほぐして、存在感を残すのがポイントです。

材料＿2人分

ポルペットーネ(両端の肉部分)とソース(→ p.84)
　合わせて300g
なす　小2本
ペンネ　120g
にんにく(薄切り)　1片分
ドライオレガノ　小さじ1/4
塩　適量
オリーブオイル　適量
バジリコの葉(せん切り)　2〜3枚分

1 ペンネは塩を加えた湯で、袋の表示時間を目安にゆで始める。なすは縦半分に切ってから、5㎜厚さの斜め切りにする。

2 フライパンにオリーブオイル大さじ2とにんにくを入れて中弱火にかけ、香りが立ったらにんにくを取り出す。なすを入れて中火にし、焼き色がついたら裏返す。ほぐしたポルペットーネとソースを加えて混ぜ合わせる。

3 ゆで上がったペンネとオレガノを加え、混ぜ合わせる。器に盛り、バジリコをのせ、オリーブオイル小さじ1を回しかける。

大島節子 Setsuko Oshima

上野万梨子氏からフランス料理の基礎を学んだ後、イタリア料理研究家の米原ゆり氏に師事。その後、東京・目黒区で2000年からイゾラーラ・イタリア料理教室を主宰。2007年にはイタリア・ルッカ料理学院へ短期料理留学、地方料理コースを修了。2010年イタリア・スローフード・イタルクックにてマスターコースディプロマを取得。現地で身につけた知識と確かな技術で、日本の風土や生活に合う健康的なイタリア料理を探求している。料理レッスンのほか、カルチャースクール講師、飲食店のレシピ監修に携わる。著書『つくりおきイタリアン』(河出書房新社)、『一生ものイタリアン』(主婦と生活社)がある。

isolala

イゾラーラ・イタリア料理教室
http://www.isolala.com/

軽い煮込みのイタリアン

著　者　大島節子
編集人　泊出紀子
発行人　殿塚郁夫
発行所　株式会社主婦と生活社
〒104-8357 東京都中央区京橋3-5-7
TEL 03-3563-5129(編集部)
TEL 03-3563-5121(販売部)
TEL 03-3563-5125(生産部)
https://www.shufu.co.jp/
製版所　東京カラーフォト・プロセス株式会社
印刷所　大日本印刷株式会社
製本所　株式会社若林製本工場

ISBN 978-4-391-16198-4

落丁・乱丁の場合はお取り替えいたします。お買い求めの書店か、小社生産部までお申し出ください。

Staff

ブックデザイン　鳥沢智沙 (sunshine bird graphic)
撮影　合田昌弘
スタイリング　澤入美佳
調理アシスト　杉山直子　福島早苗
校閲　滄流社
取材・構成　草柳麻子
編集　泊出紀子

撮影協力　UTUWA